//
创作
在云端

平台与文化生产

[荷] 托马斯·玻尔（Thomas Poell）
[荷] 戴维·尼尔伯格（David Nieborg） 著
[美] 布鲁克·埃琳·达菲（Brooke Erin Duffy）

董晨宇 宋佳玲 译

**PLATFORMS
AND
CULTURAL
PRODUCTION**

中国出版集团
中译出版社

PLATFORMS AND CULTURAL PRODUCTION (1st Edition) By THOMAS POELL, DAVID NIEBORG & BROOKE ERIN DUFFY
Copyright © Thomas Poell, David B. Nieborg, and Brooke Erin Duffy 2022
First published in 2022 by Polity Press
This edition is published by arrangement with Polity Press Ltd., Cambridge
Simplified Chinese translation copyright © 2024 by China Translation & Publishing House
ALL RIGHTS RESERVED

著作权合同登记号：图字01-2024-1485号

图书在版编目（CIP）数据

创作在云端：平台与文化生产 /（荷）托马斯·玻尔 (Thomas Poell),（荷）戴维·尼尔伯格 (David Nieborg),（美）布鲁克·埃琳·达菲 (Brooke Erin Duffy) 著；董晨宇, 宋佳玲译. -- 北京：中译出版社, 2025. 1. -- ISBN 978-7-5001-8053-1

Ⅰ. G114

中国国家版本馆CIP数据核字第2024TY0670号

创作在云端：平台与文化生产
CHUANGZUO ZAI YUNDUAN：PINGTAI YU WENHUA SHENGCHAN

出版发行：	中译出版社
地　　址：	北京市西城区新街口外大街28号普天德胜主楼4层
电　　话：	（010）68359827；68359303（发行部）；68359725（编辑部）
传　　真：	（010）68357870　电子邮箱：book@ctph.com.cn
邮　　编：	100088　　网　　址：http://www.ctph.com.cn

出 版 人：	刘永淳	出版统筹：	杨光捷
总 策 划：	范　伟	策划编辑：	刘瑞莲　范祥镇　杨佳特
责任编辑：	王诗同	执行编辑：	杨佳特
营销编辑：	吴雪峰　董思嫄	版权支持：	马燕琦
封面设计：	吴思璐		

排　　版：	北京中文天地文化艺术有限公司		
印　　刷：	三河市国英印务有限公司		
经　　销：	新华书店		
规　　格：	880 mm×1230 mm　1/32		
字　　数：	182千字	版　　次：	2025年1月第1版
印　　张：	8.25	印　　次：	2025年2月第2次

ISBN 978-7-5001-8053-1　　　定价：55.00元

版权所有　侵权必究
中 译 出 版 社

前　言

　　YouTube、TikTok、Instagram 和微信等数字平台的发展和快速普及正在深刻地重新配置全球的文化生产。事实上，最近文化产业的转型令人震惊：长期存在的传统媒体组织正在经历剧变，而新的产业形态（例如直播、社交媒体娱乐和播客等）正在以极快的速度发展。虽然脸书（2021年更名为 Meta）、谷歌和腾讯等平台公司可能不会对每个行业或地区产生同等的影响，有些甚至几乎没有受到影响，但一旦他们开始受到影响，变化往往是迅速而剧烈的。在这本书中，我们旨在试图理解这些变化，同时探索它们与早期文化生产形式之间的连续性。

　　虽然封面上标注着我们的名字，不过，这本书在很大程度上是我们与全球学者和学生展开一系列对话的结果。在工作坊、会议和学术杂志特刊中与同人们的合作，让这本书的书写不仅是一个创作过程，更是一种鼓舞人心的学习方式。因此，首先简要叙述这一过程再合适不过了。

　　最初，其中两位作者尝试开发一个概念框架，用于研究我们所说的"文化生产的平台化"，这便是该项目的缘起（Nieborg & Poell，2018）。在讨论关于游戏和新闻生产的研究时，我们注意到，脸书和苹果应用商店等数字平台的兴起，在这两个行业的创作、分发、营销和货币化实践中引发了相似的转变。不过，我们无法找到一种全面的方法，使我们能够跨越具体的产业分支去研究和解释这些变化。我们可以从三个研究传统中获得相关见解：软件研究、批判性政治经济学和商业研究。通过将这些文献融入彼此的对话中，我们开发了初步的分析框架，以研究文化生产者如何围绕平台组织他们的经营活动，并突出市场、基础设施和治理的变迁。

由于不同的平台化路径之间存在巨大的制度性差异，托马斯和戴维邀请了布鲁克、斯图亚特·坎宁安（Stuart Cunningham）和罗伯特·普赖（Robert Prey）参加了在爱沙尼亚塔尔图举行的2017年互联网研究者协会（AOIR）会议，并讨论平台和文化生产这一议题。他们分享了各自对影响者经济、社交媒体娱乐和音乐行业的研究，同时也阐释了两件事：一方面，平台化涉及市场、基础设施和治理方面的相似变化；另一方面，文化生产者在多大程度上依赖平台，则存在着显著差异（Poell et al., 2017）。更重要的是，这次谈话凸显了我们最初的概念框架在解释这种变化方面的局限性，特别是它忽视了在依赖平台的文化生产模式中出现的特定的劳动、创意和民主实践。

为了扩大考察范围，布鲁克加入了这个项目。我们三个人决定纳入更多平台依赖性文化生产模式的研究，其中包含了各种行业分支、地理区域、性别、阶层和种族。幸运的是，《社交媒体 + 社会》（Social Media+Society）的主编齐齐·帕帕查理斯（Zizi Papacharissi）在杂志上组织了两期合集，这为我们提供了一个富有成效的论坛。通过这个论坛，我们极大地扩展了关于平台和文化生产之间关系的对话。此次征稿的影响远远超出我们的预期。鉴于供稿学者的多样性，以及当前主题的紧迫性，我们试图将作者聚集在一起，讨论他们论文的第一份完整草稿。因此，在 2018 年 10 月，我们在多伦多的麦克卢汉文化科技中心举办了一场会议。在该中心历史悠久的马车房（coach house），我们得以获得一个亲密的空间。在这位加拿大著名媒体理论家的旧图片和书籍封面的围绕中，我们花了两天时间紧张地交流想法、征求意见，并给出反馈。事实证明，这些批评性的讨论效果显著，让研究之间产生对话。经过长达一年的修改和外部同行评审，这 26 篇文章分别于 2019 年 11 月和 2020 年 8 月发表在《社交媒体 + 社会》的两个专题上（Duffy et al., 2019; Nieborg, Duffy, Poell, 2020）。

这些专题特别关注文化内容的工业化创作、分发、营销和货币化。更重要的是，这些文章涵盖了广泛的细分市场和类型，包括直播、YouTube 读书区、游戏和应用程序开发、音乐流媒体、播客、社交媒体内容创作、网络卡通、互联网分发电视、公共服务媒体和数字复古经济等。覆盖的地理区域同样多样，涉及澳大利亚、加拿大、智利、中国、德国、意大利、日本、墨西哥、荷兰、波兰、韩国、西班牙、瑞典、英国和美国的文化生产实例。不论是我们与这些供稿人的互动，还是他们本身的工作，都激发了我们的热情和活力。我们意识到，这个项目需要按照这个逻辑继续走下去。因此，撰写这本书的想法诞生了。

本书的目标是推进我们 2018 年发表在《新媒体与社会》的第一篇阐述理论框架的论文。这一框架在本书的前半部分得到了进一步的发展。在书中，我们将它重新定义为平台化的制度化视角。与此同时，我们希望公正对待世界各个区域、各个平台中浮现出的各类文化实践。这些新兴实践与市场、基础设施和治理的制度性变革一样，都是平台化进程中重要的组成部分。在本书的后半部分，我们阐释了文化产业平台化中劳动、创意和民主实践的重大转变。总体而言，本书旨在为在平台和文化产业的研究者与学习者提供一个全面的框架，帮助他们系统地考察和比较他们正在研究的特定行业与实践。

　　我们感谢那些与我们一同走过这段旅程的同事和学生。我们首先要感谢许多同事，他们慷慨地帮助我们提出批评意见和创造性想法：阿曼达·洛茨（Amanda Lotz）、约瑟·范·戴克（Jose van Dijck）、伯恩哈德·里德（Bernhard Rieder）和德韦恩·温赛克（Dwayne Winseck）。我们也感谢我们的学生，特别是麦吉·麦克唐纳德（Maggie MacDonald）和欧丹妮·萨巴赫（Ouejdane Sabbah），他们阅读并评论了这本书的初稿。此外，我们还要感谢《社交媒体+社会》专题的撰稿者，特别收藏的贡献者，他们为我们这本书提供了崭新的见解和丰富的案例研究：阿图罗·阿里亚加达（Arturo Arriagada）、莎拉·贝内特-韦瑟（Sarah Banet-Weiser）、苏菲·毕晓普（Sophie Bishop）、蒂齐亚诺·伯尼尼（Tiziano Bonini）、罗宾·卡普兰（Robyn Caplan）、艾玛·简·克里斯蒂安（Aymar Jean Christian）、萨曼莎·克罗斯（Samantha Close）、戴维·克雷格（David Craig）、斯图亚特·坎宁安（Stuart Cunningham）、费滋·戴（Faithe Day）、马克·迪阿兹（Mark Diaz）、斯蒂芬妮·杜圭（Stefanie Duguay）、卡琳·范·埃斯（Karin van Es）、马克斯韦尔·福克斯曼（Maxwell Foxman）、亚历山德罗·甘迪尼（Alessandro Gandini）、塔尔顿·吉莱斯皮（Tarleton Gillespie）、艾莉森·赫恩（Alison Hearn）、戴维·赫斯蒙德哈尔（David Hesmondhalgh）、艾米莉·洪德（Emily Hund）、弗朗西斯科·伊巴内斯（Francisco Ibanez）、马克·约翰逊（Mark Johnson）、埃利斯·琼斯（Ellis Jones）、丹尼尔·约瑟夫（Daniel Joseph）、金智贤（Ji-Hyeon Kim）、杰伦·德·克洛特（Jeroen de Kloet）、塔玛拉·克内塞（Tamara Kneese）、林健、杰里米·韦德·莫里斯（Jeremy Wade Morris）、安娜玛丽·纳瓦尔·吉尔（Annemarie Navar-Gill）、维多利亚·欧米拉（Victoria O'Meara）、迈克尔·帕尔姆（Michael Palm）、威廉·克莱德·帕廷（William Clyde Partin）、切尔西·彼得森－萨拉赫丁（Chelsea Peterson-Salahuddin）、凯特琳·彼得（Caitlin Petre）、罗伯特·普赖（Robert Prey）、安德烈亚斯·劳（Andreas Rauh）、马克·斯坦伯格（Marc Steinberg）、约翰·苏利文（John Sullivan）、约瑟·米格尔·托马瑟纳（Jose Miguel Tomasena）、辛西娅·王（Cynthia Wang）、杰米·伍德科克（Jamie Woodcock）、克里斯·杨（Chris Young）和刘俊泳（Jun Yu）。

我们也要感谢自己的学生，他们的反馈帮助我们在概念的早期阶段强化了本书的重点：卢卡斯·贝肯鲍尔（Lukas Beckenbauer）、胡珏翎、达芙妮·伊迪兹（Daphne Idiz）、瓦内萨·里克特（Vanessa Richter）和唐子文。同时，阿姆斯特丹大学媒体研究的硕士生在媒体研究实践课程（2020–1）中也对本书初稿提供了丰富的反馈。此外，我们还要感谢来自政体出版社（Polity）的玛丽·萨维嘉（Mary Savigar）、莎拉·丹西（Sarah Dancy）、艾伦·麦克唐纳德－克雷默（Ellen Macdonald-Kramer）和斯蒂芬妮·霍默（Stephanie Homer）。他们在写作和出版过程中耐心而坚定地指导和支持着我们。我们还要感谢许多机构的慷慨赞助：加拿大社会科学和人文研究理事会（SSHRC）、阿姆斯特丹全球化研究中心（ACGS）、康奈尔社会科学中心（CCSS）、麦克卢汉文化和技术中心、昆士兰科技大学、阿姆斯特丹大学、多伦多大学和康奈尔大学。这些支持让我们能够面对面地一起工作，从而形成了一个更有生产力的合作过程——至少在世界大部分地区被新冠疫情入侵之前是这样的。有鉴于此，我们希望向那些提供支持、鼓励和耐心的家人、朋友和同事表示感谢，特别是在全球流行病的重压下，对于我们而言，撰写一本书需要面临额外的考验。我们也希望特别衷心感谢艾玛（Emma）、乔纳森（Jonathan）、拉斐尔·珀尔（Raphael Poell）、罗伯特·谢伊·特勒尔（Robert Shea Terrell）和莱斯利·皮斯扎克（Leslie Pilszak）。

阿姆斯特丹，多伦多，伊萨卡，2021 年

目 录
CONTENTS

第一章 导言   *001*

第一部分 制度性转变

第二章 市场   *031*

第三章 基础设施   *063*

第四章 治理   *097*

第二部分 转变的文化实践

第五章 劳动   *135*

第六章 创意   *165*

第七章 民主   *195*

第八章 结论：权力   *225*

第一章
导言

2017年2月9日,英国《泰晤士报》在头版登出了一则引人瞩目的标题:《著名品牌资助恐怖活动》。标题下面有一则在线广告的截图。读者可能并不知道,这则广告出自公开支持圣战主义者的YouTube①视频之中(Mostrous,2017)。根据《泰晤士报》的调查,YouTube的自动广告投放系统将消费品和慈善组织的广告与支持激进分子和恐怖组织的视频放在了一起,这其中就包括"伊斯兰国"(Islamic State)和亲纳粹集团"战斗18"(Combat 18)。几周后,《卫报》在跟进报道中称,这些"仇恨布道者"从不知情的YouTube广告赞助商那里获得了六位数的资金,其中包括很多家喻户晓的品牌,例如欧莱雅、桑斯博里超市、日产汽车等,甚至也包括《卫报》自己(Neate,2017)。而且这份报道记录了各种各样通过平台获得资助的极端主义内容:一名萨拉菲穆斯林传教士的反西方宣传、前三K党领袖戴维·杜克(David Duke)的视频,还有一位原教旨主义牧师发表的反性少数群体和反犹太观点。

---

① 本书所有的公司和平台,大部分保留原名。有通用中译名的除外。——译者注

当被要求对备受瞩目的社交媒体丑闻做出回应时,YouTube 母公司谷歌的代表罗南·哈里斯(Ronan Harris)表示:"我们捍卫网络上的言论和表达自由——哪怕我们不同意这些观点。"(Neate,2017)虽然哈里斯接着澄清说,谷歌的政策禁止"包含仇恨言论、血腥或冒犯性内容的视频"和广告一起出现,不过,他也承认"我们并不总是能做到完全禁止"。由于对谷歌混淆视听的表达感到不满,《卫报》随后从 YouTube 视频分享平台上撤下了所有广告,同时采取这一行动的还有英国广播公司和英国政府。

这一事件被认为是 2017 年"广告末日"(Adpocalypse)运动的催化剂之一。"广告末日"是 YouTube 视频创作者们发明的词汇,用于描述各个品牌共同努力抵制 YouTube 广告的行为。总共有多达 250 个来自美国和英国的品牌威胁要停止在 YouTube 投放数字广告。面对这种集体抵制,谷歌迅速改变了 YouTube 的政策,使其"对广告商更友好"(Kumar,2019)。YouTube 治理框架的变化之一,是广告商可以选择自己的广告不与某些类别的内容一同出现,这些类别既可以是非常描述性的,例如"直播视频",也可以是非常主观性的,例如"敏感社会问题",其界定为"歧视和身份关系、丑闻和调查、生殖权利、枪支和武器等"内容(YouTube,2020a)。

虽然这些改变至少暂时安抚了广告商,却给文化生产者的职业生涯带来了巨大的焦虑和不确定感,尤其是那些通过令人难以琢磨的 YouTube 伙伴计划(YouTube Partner Program)来彼此竞争获得收入的视频创作者们。很多创作者突然发现自己的内容被"去货币化"(demonetized)了,这意味着他们即便赢得了用户的关注,也只能获得非常有限的广告收入,甚至一分钱也赚不到(Caplan & Gillespie,2020)。那些仅仅是在"敏感"社会议题上发表意见的创作者尤其可能遭受经济惩罚。同样的惩罚还会被施加于那些内容中"多次使用露骨脏话"的创作者,"即便这些内容被消音,或者用于喜剧、纪录片、新闻、教育目的"(YouTube,2020b)。

除去争议性内容的"去货币化",YouTube还大大提高了伙伴计划的参与门槛:只有那些在过去一年中,拥有至少一千名订阅用户,且用户收看时间超过四千小时的频道才可以参加(YouTube,2020c)。这一政策更新让新人创作者难以获得收入,同时也阻拦了那些没多少粉丝的创作者。YouTube广告项目的排斥性因为另一个新规定变得更加严重——那些被"去货币化"的节目只有在一周内获得一千以上的浏览量,才可以重新进行人工审核(YouTube,2020c)。从背景上讲,我们需要考虑到YouTube上令人震惊的内容规模——每分钟上传的视频总长度就有500小时[①]。因此,给内容做分类、贴标签的工作是通过自动化的内容审核系统,而不是人工完成的(Covington et al.,2016;同时参见Kumar,2019;Roberts,2019)。

一些YouTube上最有名气的创作者公开发声,谴责更新后的规定(Caplan & Gillespie,2020),例如菲利普·德弗兰科(Philip DeFranco)、伊桑·克莱因(Ethan Klein)和菲利克斯·谢尔贝格(Felix Kjellberg)——后者更被人熟知的名字是"PewDiePie"。这些网红都运营着大受欢迎的评论频道,总共吸引了超过1.15亿名订阅者,他们全都表示自己已经失去了绝大部分的广告收入(Weiss,2017a)。让他们更加沮丧的是,YouTube拒绝分享"去货

[①] 参见 https://www.statista.com/statistics/259477/hours-of-video-uploaded-to-youtube-every-minute/.(检索日期为2021年12月,下同)。

币化"的流程信息。正如有名的短喜剧频道"h3h3Productions"的伊桑·克莱因和希拉·克莱因（Hila Klein）在一次访谈中所坚称的："根本没有一个报告可以告诉我们，你制作的这个视频被'去货币化'，是因为你做了这件事或者那件事。"

当然，YouTube 改变了广告政策和伙伴计划规定，影响的远远不止这些直言不讳的超级明星。伙伴计划准入标准的提高，意味着关注量不大的创作者实际上被整体"去货币化"了。更重要的是，只要系统认为视频中有任何对广告商不友好的内容，就会将它们自动过滤掉，这让所有同类视频都处于风险之中。例如，所有关于经典游戏《刺客信条》的视频片段都立刻被"去货币化"，仅仅是因为内容中包含"暗杀"这个词（Cunningham & Craig, 2019：112）。与之相仿，"伟大战争"频道提供了很多关于第一次世界大战的教育视频，其中很多视频都被标记了审核（Burgess & Green, 2018：150）。这一做法令人担忧的地方在于它存在观点偏见，YouTube 的自动过滤会有失公允地针对那些制作"文化进步内容"的创作者。对于性少数群体相关内容的创作者而言，这意味着"任何性少数者身份的再现都可以被认为是具有性暗示的，或者对于广告商不安全的"（Cunningham & Craig, 2019：113；Duguay, 2019）。在 2020 年 6 月，一群黑人创作者将 YouTube 告上法庭，认为 YouTube 的很多行为都是种族主义的。他们宣称，这一平台使用自动过滤机制来"限制、审查和诋毁"黑人创作者（Salsman & Nieva, 2020；Parham, 2020）。

眼看着自己的收入缩水，一些处于困境的 YouTube 创作者把时间和目光投向了其他平台。例如，伊桑和希拉宣布，他们将会把自己的项目转移到亚马逊的直播平台 Twitch 上，因为 Twitch 会给创作者提供更具活力的变现机制（Johnson &Woodcock，2019）。有些创作者开始使用 Patreon，这个平台允许粉丝通过订阅来直接支持他们（Caplan & Gillespie，2020）。不过，即便一些创作者可以通过跨越多个平台来实现收益，但创作者社群却很难完全无视 YouTube 的影响力。从受众范围和收入的角度来看，Twitch 和其他与 YouTube 竞争的视频分享、直播平台仍然生存在 YouTube 沉重的阴影之下。

　　重提"广告末日"这个故事，一方面是因为这个故事很具体，换言之，它展现了一个新行业是如何在好莱坞和硅谷的接合之处诞生，又如何进一步自我演进（Cunningham & Craig，2019）；另一方面，则是因为这个故事具有更广泛的意义。这一案例印证了一项范围更广的运动：身处其中的文化生产者们依附于平台，又因此与平台斗争，保卫自己的地位和利益。就像很多其他平台一样，YouTube 受强大的网络效应（network effects）影响，这意味着观看者、广告商和创作者的不断加入，会让平台对各方产生更大的价值，紧接着，这又会进一步增加观看者、广告商和创作者的数量。处于核心位置的 YouTube 可以单方面施加影响力，来决定如何奖惩特定类型的视频。它这样做，会直接影响成千上万的文化生产者。同时，YouTube 商业模式与治理框架的组合也是独一无二的。并非所有平台都依靠广告收入，也不是所有平台的审核系统都会秉持始终如一的内容标准。

　　本书中，我们考察了平台与文化生产者的关系是如何在关键的生产节点中浮现和形成的，其中包括文化的生产、分发、营销和货币化。实际上，这些文化生产中由平台驱动的变化带来了很多问题。例如，从个体内容创作者、游戏应用开发者到新闻机构、唱片公司，当文化生产者将平台纳入自己的业务之中，他们的文化生产活动是如何重新进行安排的？与平台的结盟和整合如何影响了特定形式文化生产的经济可持续性？哪些类别的内容和服务可以通过平台进行生产、分发和货币化，哪些类别不可以？哪些类型的文化内容在平台中更为可见，哪些更不可见？这会如何影响文化表达的视野，文化表达又是为谁而表达？最后，在文化领域中，文化生产和权力分配的民主特质受到了怎样的影响？

为了回答这些问题，本书将展示平台与文化生产者的互动是如何发生的，以及这些互动的方式在不同文化行业和地理区域之间存在怎样的差异。平台化并不是一个单一的转型过程。事实上，其中涵盖了不同特定平台与特定文化生产者的互动，因此呈现出复杂、多元的变迁。本书为考察这些互动及其影响提供了概念性工具。我们的目标是为不同领域的研究者形成一种共同语言，来比较和连接他们对于特定平台文化生产的具体研究。

平台与平台化

平台与文化生产者之间的互动过程，被安妮·赫尔蒙德（Helmond，2015）称为平台化（platformization）。在文化生产的背景下，平台化可以被理解为数字平台的经济、基础设施和治理对文化产业的渗透，同时，劳动、创作和民主的文化实践也围绕这些平台被组织起来（Nieborg & Poell，2018）[①]。在本节和下一节中，

[①] 平台化的概念并非本书首次使用。赫尔蒙德所提出"平台化"的概念是："社交媒体平台进入其他网络的程度，及其让外部网络数据'为其做好准备'的决心。"（2015：1）本书对平台化的理解更为广泛，也更加具体。说更广泛，是因为本书认为平台化并不仅仅是一个技术经济现象；说更具体，是因为本书具体关注到了文化产业。关于"平台化"这一概念更为详细的讨论，可以参见 Poell et al.（2019）。

我们将讨论平台和文化生产者如何被卷入处于平台化核心的制度（institutional）关系和文化实践的转变之中。本书会首先聚焦平台，随后转向对文化生产者和文化生产的理解。最后一节将会介绍本书的核心观点和整体架构。

鉴于本书的概念核心是文化产业，那么首先需要解释的，便是在文化生产的背景下，平台是什么、不是什么。基于商业研究、软件研究和批判政治经济学，我们将平台定义为一种数据基础设施，它负责为终端用户与内容和服务供应商之间的互动提供辅助、组织、货币化和治理（Poell et al., 2019）[①]。基于这种平台的概念化，我们将从制度视角，将平台化理解为平台市场、基础设施和治理结构的演进过程。

平台如何作为机构运行？这一问题在 YouTube 的案例中可以清晰地观察到。YouTube 允许"无阻进入"（frictionless entry），或者说，"用户有能力快速、便捷地加入，并参与到由平台辅助的价值生产之中"（Parker et al., 2016: 25）。YouTube 以这种方式塑造了一个市场，一个将内容制作者、广告商和终端用户（即观看者）聚合和货币化的市场。这些互动又会反过来被 YouTube 的数据基

[①] 出于可读性和简洁性的考虑，在这本书中，我们使用商业研究、批判政治经济学和软件研究来指代更广泛的研究。传播批判政治经济学拥有漫长的历史（Winseck & Jin, 2011）。软件研究指代了很多（新兴）领域的集合体，其中包括软件和批判性代码研究（例如 Bucher, 2018; Helmond, 2015; Mackenzie, 2006）、应用程序研究（例如 Gerlitz et al., 2019, Morris & Murray, 2018）、平台研究（例如 Montfort & Bogost, 2009）和罗伯特·戈尔瓦（Robert Gorwa）所称的"批判平台研究"（Gorwa, 2019, 亦可参见 van Dijck et al., 2018）。商业研究容纳了更广泛的学科分支，其中包括正统经济学、战略管理和企业学、工程设计和信息系统研究。

础设施所支撑。YouTube 让创作者可以无缝将他们的内容上传到谷歌服务器中，同时，还让广告商可以瞄准特定的用户群体。这种开放性与传统媒体的把关策略完全不同，用克莱·舍基（Shirky, 2008：98）的话来讲，传统媒体的逻辑是"先过滤—再发布"，平台的策略则是"先发布—再过滤"。"过滤"（filtering）这个概念将我们领入了平台治理的关键维度之中。为了降低规则和规章的模糊可能造成的阻碍，YouTube 已经建立起一套治理框架。在尝试控制平台互动并使其标准化的过程中，YouTube 提供了成文的规则（例如服务协议和创作者指南）和开发者说明，也规定了谁可以使用它的工具和数据基础设施。换句话讲，YouTube 符合成为平台的每一个标准。

在文化产业中，有一些公司呈现出平台的特质，也被学者和记者称为平台。不过，我们认为，它们应该归属于另外的分类。特别值得注意的是，数字化并不等同于平台化。《纽约时报》、奈飞和迪士尼公司都收集了大规模的数据，并使用复杂的算法来策展内容，但他们并不是平台公司（Lobato, 2019；Lotz, 2017）。它们更应该被贴上媒体或娱乐公司的标签，因为它们最重要的工作是生产或授权原创内容。在经济和基础设施层面，第三方并不能直接参与进来。不论规模大小，视频生产者都不能自由地将自己的内容上传到奈飞；《纽约时报》主要使用它的网站和应用软件来分发自己的新闻内容；迪士尼公司在它的主题公园、电视台和数字媒体中拥有着规模庞大的知识产权——从米老鼠到漫威超级英雄。

与媒体公司不同，平台呈现出的是商业学者所称的"多边市场"（multisided markets），它作为"媒人"，将消费者（即"终端用户"）、各种不同的生意人（广告商、内容创作者等），以及政府和非营利组织连接在一起（Evans & Schmalensee，2016）。其中，每一个行动者群体（包括终端用户）都代表了平台市场中的一个侧面（Gawer & Cusumano，2002；Rochet &Tirole，2003）。

在这种经济视角之中，隐藏着这样一个假设：平台必须是一个营利性机构。当然，有许多平台并非由营利驱动，其中很多平台都是政府、合作社、非营利组织和无意创造经济价值的个人所拥有和运营的（Sandoval，2020；Scholz，2017）。不过，由于它们的市场估价、制造的空前利润、庞大用户规模和跨国性优势，平台公司被广泛认为是"数字世界的霸主"（Moore & Tambini，2018）。尤其在媒体领域，商业平台扮演着至关重要的角色。出于这样的原因，本书在接下来的部分中，将平台视为一种营利性商业机构。我们对以下这些公司尤其感兴趣：谷歌、苹果、脸书、亚马逊、字节跳动、Spotify 和腾讯。更准确地讲，我们最关注这些公司所运营的具体平台，例如苹果商店和谷歌商店、亚马逊的 Twitch、谷歌的 YouTube、谷歌和脸书的数字广告生态链、脸书的社交连接性应用程序（例如 Instagram 和 Messenger）、腾讯的微信、字节跳动的抖音（TikTok），以及亚马逊、微软和谷歌提供的云储存服务[①]。

除去将平台理解为市场，软件和商业研究学者还将它理

[①] 我们有意排除了对于优步（Uber）、来福车（Lyft）、爱彼迎（Aribnb）等平台公司的研究，因为这些公司与文化生产在经济和技术方面并无关联。我们确实认识到，我们讨论的许多动态关系都是"平台资本主义"所特有的，后者代表了一种更广泛的转折，它通过引入新的权力制度，对现有市场产生破坏。

论化为一种独一无二的、通过"平台边界"所建构起的基础设施（Gawer，2020；Helmond et al.，2019）。平台公司一贯寻求增长，并通过开放基础设施边界来做到这一点，这与它们的营利性任务是一致的。为了实现这个目的，平台公司必须为外部生产者提供工具，允许它们进行技术整合，在一些情况下，也包括内容的营销和货币化（Eaton et al.，2015；Ghazawneh & Henfridsson，2013）。通过提供数据基础设施（例如插件），平台公司使得外部生产者可以延展平台的功能，让平台远远超越自身的边界，融入更广泛的互联网和应用程序生态系统之中（Helmond，2015；Nieborg & Helmond，2019）。同时，为了实现对分发内容和分发者的控制，平台边界也需要被"守卫"（Ghazawneh & Henfridsson，2013）。平台公司会通过各种治理策略来实现这一点。本书第四章会将这些策略概念化为监管（regulation）、策展（curation）和审核（moderation）。

平台化不仅意味着市场、基础设施和治理的制度转折，同时也包括了劳动、创造和民主的实践变迁。平台允许文化工作者获得接触观众和提高可见性的新途径。不过，如同文化产业中的传统劳动力市场一样，平台市场中的劳动也充满了不稳定性，以及性别、性、种族、民族等维度的不平等（Christian et al.，2020；Gerrard & Thornham，2020；Patel，2020）。除此之外，显而易见的是，虽然平台经常会推出新的类型或商业模式，但同时，它们也会通过各种方式来制约创意的生产过程，其中包括且不限于内容过滤和优待特定形式的文化表达。最后，虽然平台化开启了文化多样性之争的新空间，但同时也加剧了歧视、仇恨言论和虚假信息等问题，进而损害民主政治。

本书的一个主要贡献便是，展示这些文化实践中的转折、延续和对立如何与文化生产的制度关系变迁错综复杂地交织在一起。本章开篇的案例阐明了其中一部分"纠缠"。例如，YouTube广告政策和货币化项目的突然变化，直接影响了创作者的可见度，进而影响到他们的收入。在这里，我们可以看到文化生产者是如何依附于平台的，这种依附性让他们任凭平台决策的摆布，其劳动的不稳定性也因此进一步增加。同时，"广告末日"又揭示出劳动者的能动性，尤其是当他们感觉有必要去寻找替代性的内容分发方式，以及通过赞助协议或订阅费实现盈利。更宽泛地讲，"广告末日"展现出文化生产者不得不在多个平台上保持复杂的平衡，平衡自我表达、观众利益、广告商需求和平台治理规定。到底该如何达到不同力量之间的平衡，将会深刻影响文化产品和创意表达空间的本质。除此之外，与之直接相关的是这种平衡行为会通过形塑身份建构和表征的公共过程，触及民主政治的关键层面。

文化生产者与其他互补者

如前所述，平台化并不仅仅是由平台主导的、自上而下的过程。它同时也被文化生产者的策略所操纵和驱使——不管是个体形态还是网络形态。在"广告末日"中，创作者公开联合起来表达不满、寻求替代性的收入形式，或者干脆一起离开平台。通过这些方式，创作者对平台政策进行抗议。在YouTube的平台生态系统中，不同的利益相关者——包括文化生产者、广告商、数据中间商（data intermediaries）——都在努力捍卫或争取自己的利益，推动平台运营者（在这个案例中为谷歌）对它的基础设施和治理框架做出相应调整。

当我们考察这些各种各样的互动时，与我们最为密切的主体包括平台公司、文化生产者、广告商、中间商，以及通过平台消费、分享和参与文化产品的数亿终端用户。为了理解平台权力是如何接受挑战和协商，以及文化生产者是如何在与平台的关系中发挥自主性，我们会从关系层面来定义这些行动者。本节首先为文化生产者与文化产业做出定义，接下来再介绍其他利益相关者，最后考察不同文化产业和地理区域之间的差异。

基于戴维·赫斯蒙德霍（Hesmondhalgh, 2019: 15）对于文化产业的定义，我们会重点关注"产业生产和文本流通"。从传统意义上讲，这些产业包括广播、电影、音乐、印刷、游戏和广告等。文化生产的产业模式通常与"民间创作"（vernacular creativity）有所不同，因为后者指向了"物质与象征创意的日常实践"（Burgess, 2007: iii）。正如本书开篇 YouTube 创作者的案例所展示的，产业与民间形式的文化生产之间的边界通常是流动的，在平台中很难被清晰划分。我们将在本节的最后处理这个棘手的问题。

文化生产者同样是一个麻烦的概念。我们将它定义为象征性产品（symbolic artefacts）的创作、分发、营销和货币化过程中广泛的行动者和机构（Bourdieu, 1984）。单一个体可以被称为文化生产者，同样的，传统机构，例如报纸、电影和电视制作公司、唱片公司和游戏开发商也可以被称为文化生产者。我们注意到，这些不同产业部门都有自己的历史和制度实践（Benson & Hallin, 2007; Herbert et al., 2020; Miège, 2011; Holt & Perren, 2011）。

传统上讲，个体的文化生产者或"创意工作者"——例如记者、音乐人、作家——在这些产业形成的过程中扮演了关键角色。平台潜在地让这些个体生产者的地位显著提升，因为平台为文化产品找到了新的市场，从此市场不再仅仅是传统机构的特权，个体文化创业者也可以参与。其中一个例子，便是那些在YouTube、TikTok、Instagram和Twitch上走红的"创作者"。

本书旨在批判性地考察平台化在创意工作者的地位和不稳定性中发挥了怎样的作用。同时我们也关心传统产业行动者和机构的创意自主性和经济可持续性。当平台占据主导时，报纸、唱片公司和游戏开发商受到了怎样的影响？我们一直都认为，这些机构行动者在推动文化、经济和政治参与方面，对于民主而言意义重大（Hermes，2006）。

平台上活跃的第二类产业行动者是文化中间商，他们的工作是在平台中安排和协助文化产品的创作、分发、营销和货币化。正如蒂莫西·哈文斯（Havens，2014：40）指出的那样，"在组织将它的重点工作付诸表征性实践（representational practices）的过程中"，文化中间商"是主要的工具之一"（参见Lobato，2016：350）。其中一些中间商，例如广告商、数据中介和经纪公司，早在平台出现之前就存在了；其他一些则是全新的，抑或专门为平台上的文化生产提供高度针对性的服务。

首先是营销和货币化中间商，其中包括那些帮助文化生产者通过广告实现收入的机构。众所周知，数字广告的生态系统极其复杂，拥有各种各样的第三方服务，其中包括广告商、广告公司、广告网络、数据中介和媒体采购商（Crain，2019；Helles et al.，2020）。这种多样性让我们很难了解不同类型的公司是如何形塑特定的营销和货币化实践的。部分由于这种不透明性，创作者也许会在广告之外寻找收入来源，例如订阅、微交易（应用软件内的购买、打赏和捐助）或各种企业投资（Duguay，2019；Johnson & Woodcock，2019；Partin，2020）。每一种收入模型都拥有属于它自己的中间商类型，例如支付供应商和众筹平台。

其次，新的产业形态已经形成，帮助文化生产者跨越不同平台优化自己的产品。与营销和货币化相比，"优化"（optimization）拥有更为久远的历史。早在传统媒体组织中，就有"去认识你的观众"这样的做法（Ang，1996；Baym，2013；Turow，1997）。不过，平台却要求文化生产者对持续变动的文化内容做好准备（Arriagada & Ibanez，2020；Morris et al.，2021）。其中，有一类公司会利用平台数据来实现搜索引擎和社交媒体的优化（Halavais，2017；Ziewitz，2019）。例如，很多新闻机构会使用 Chartbeat、NewsWhip、Parse.ly、Outbrain Engage 和 CrowdTangle 等公司提供的用户分析工具。这些公司正是从主流的社交媒体平台和搜索引擎中采集数据。这些工具通过提供对"用户如何接触内容"的具体洞察，辅助新闻机构做出编辑和内容分发的决策（Cherubini & Nielsen，2016；Petre，2018）。除此之外，很多经纪公司和所谓的"多渠道网络"（multichannel networks，简称 MCN）也与之相关连。这些多渠道网络在 Instagram、YouTube、TikTok 等平台周围涌现，旨在帮助创作者组织内容创作和分发，并管理他们与品牌和平台之间的关系（Abidin，2018；Lobato，2016；Stoldt et al.，2019）。

当文化生产者和其他第三方开始依赖于平台，机构和行动者广泛的多样性便结合起来。从平台公司的角度来看，文化生产者、文化中间商和广告商都可以被视为互补者（complementors）。这个词将会贯穿整本书，它从商业研究中诞生，指的是"为共同的消费者提供补充性产品的独立供应者"（McIntyre & Srinivasan，2017：143）。向终端用户和其他第三方提供内容与服务，意味着这些行动者为平台提供的产品和服务进行"补充"。

自从进入 21 世纪第二个十年以来，作为互补者的文化生产者便在很多平台的成长中扮演着重要角色。例如，报纸、游戏发行商、社交媒体创作者和其他文化生产者让平台与终端用户走得更近。像 YouTube 这样的平台则完全依靠文化生产者。不过，对于像脸书这样的平台来说，特定文化产业（例如新闻与游戏）的重要性则是随着时间而变的（Nieborg & Helmond，2019）。最近的平台经济分析给我们上了重要一课：一个平台公司越具有主导性，游戏发行商、创作者和新闻机构这样的文化生产者的议价能力就越低（Rietveld et al.，2020）。

虽然我们的核心焦点是文化生产，不过，我们仍需要特别关注在平台化的过程中，文化消费所扮演的角色。实际上，多边市场其中一个独特的方面，就是它允许消费者通过无缝的"位置切换"（side switching）进入市场，换言之，便是"那些在平台上消费物品或服务的人，也开始为他人提供物品或服务"（Parker et al.，2016：25）。在文化产业中，这并不是什么新奇的实践。当初也有很多新说法捕捉到了生产和消费在数字世界中的融合，以及这种交融所引发的兴奋，例如共同创作者（co-creator）、职业和业余创作者共存（pro-am）、产销者（produsage）（Banks，2013；Bruns，2008）。在平台中，终端用户与文化生产者之间的区分仍旧是模糊的，不论是在经济激励措施层面，还是在劳动、创意和民主的实践层面。

这种模糊的边界固然可以部分归结于互联网接入门槛的降低，但它也可以通过信息经济获得理解：数字内容是一种"公共"或"非竞争性"的物品；"一个人消费它，不会影响另一个人同时也消费它"（Benkler，2006：36）。从历史上讲，为了将内容货币化，文化生产者会积极通过主张版权来制造一种人为的稀缺。不过，平台公司却将内容的"分享"作为它的关键特征之一，这样一来就削弱了那些主张稀缺性的努力（John，2016）。再者，对于用户生产内容所带来的新奇感，我们必须意识到，新手和职业的文化生产者之间的职业边界一直以来都是模糊的（Hesmondhalgh，2019）。平台仅仅是让这两种角色之间的转换变得更容易了。至少在理论上来讲，今天一位普通的 TikTok 用户，明天就可能成为万众瞩目的网红。进入平台市场的门槛如此之低，那些在互联网中的用户想要成名，看似就是一夜之间的事。源源不断的成功故事被注入强大的精英神话之中，似乎任何有才华的个体，只要可以设计应用软件、创造一种 TikTok 舞蹈，或者制作一个播客，就有机会成为明星（Duffy & Wissinger，2017）。

在模糊无酬的终端用户和付费的专业人员之间的界限上，平台公司有清晰的动机。Instagram 和 TikTok 这样的平台是在用户生产的关注和数据的基础上成长起来的。一般来讲，控制这些平台的公司——脸书和字节跳动——既不会提前支付给创作者报酬，也不会准许任何知识产权[①]。这样做会为它们的商业模式增加显著的危机和不确定性，甚至会触及它们的底线。因此，用户会集体参

[①] 准确地说，为了在直播市场（例如体育）、电视脚本和电影分发领域展开竞争，脸书已经开始准许知识产权。

与进几十亿小时的"免费劳动"之中（Terranova，2000）。用政治经济学术语从本质上来讲，所有基于平台的活动都创造价值，所有民间的创作都被平台商业化了（van Dijck，2013）。为了辅助这种商业模型，平台企业会系统收集和处理用户数据，并从中有挑选性地提供或售卖给互补者或其他平台（Couldry & Mejias，2019；Turow，2011）。正如我们在接下来的章节中将会看到的，平台模糊了终端用户和文化生产者之间的边界，这不仅仅是经济层面的判断，也具有基础设施和治理意义。

不同的产业与区域

虽然平台、互补者和终端用户之间的关系可以在普遍意义上被分析，不过，平台化的特定方式却会在不同的文化产业部门中、特定的地理区域内呈现出显著差异。这种多样性部分是文化生产者的策略性选择所导致的，不过，它同样要在很大程度上被归因于文化生产具体模式的"天性"，其中包括特定产业部门在特定文化语境中的历史轨迹（Miège，2011）。因此，平台化绝不是一个包罗万象的逻辑，也不会对所有产业产生均质的影响。谷歌、脸书和苹果这样掌控着巨型平台的公司虽然在估值上已经走上世界之巅，但它们仍然需要和一些传统大企业、媒体公司和电信公司展开竞争，甚至有时会在竞争中处于劣势。

更重要的是，平台生态系统的进化和用户实践一样，也是不均衡的。通过展示全球不同产业部门和区域的案例，本书希望可以说明平台和文化生产者的多种关系之间存在的巨大差异。在考察这些关系时，我们对两类文化生产者做出了基本区分：平台依赖型与平台独立型。平台依赖型的生产者在内容与服务的创作、分发、营销和货币化过程中需要依靠平台；相反，平台独立型的生产者在进行这些活动时与平台始终保持距离。如同在接下来的章节中会进一步论述的那样，很多文化生产者都会在平台依赖与平台独立之间的光谱上选择自己的位置。例如，一家数字新闻机构可以在内容的分发和营销上依靠平台，但在内容的创作和货币化层面却独立于平台。因此，当提到平台依赖型或平台独立型时，我们就要对这些标签做出具体说明。

在整本书中，我们将使用三个产业部门：社交媒体、游戏和新闻来进行分析和论证。例如，在本章开头，我们描述了社交媒体的创作者，更准确地说，是那些在平台不断变化的规定中，经历着职业不确定性的 YouTube 创作者们。这一群体倾向于高度依赖平台。实际上，正如"广告末日"的案例所说明的，这些依赖 YouTube 广告收入的创作者被整合进了它的基础设施之中，并服从于它的治理架构。通过这种方式，很多 YouTube 创作者与平台紧密相连，并从中找到他们主要受众——这和 Twitch 上的主播、Instagram 上的时尚意见领袖、TikTok 上的创作者是类似的。不过，也有证据表明，这种极端形式的平台依赖正变得越来越少，尤其是当内容创作者寻找新的途径来降低这种平台依赖所带来的职业不确定性时（Cunningham & Craig, 2019; Duffy, Pinch, et al., 2021; Glatt, 2021）。一些重要的社交媒体创作者通过跨平台的分发和货币化策略（例如与传统媒体公司或经济管理公司的合作），已经在表面上独立于平台（Abidin, 2018）。

同时，数字游戏产业也可以被认为是一种平台依赖的典范。在数字分发出现之前，平台公司深度卷入了游戏开发和发行层面。

作为软件的游戏总是要在基础设施的意义上与其运行平台的硬件与软件相互结合（Montfort & Bogost，2009）。简单来说，如果你把一张 PlayStation 游戏光碟插入一个 Xbox 游戏机中，你就没办法玩这个游戏。随着时间的变化，工具开发者、游戏发行商、游戏开发者和游戏平台运营者之间的关系也发生了深刻的改变。在 20 世纪 80 年代初期，个人和小团队是有能力去开发和发行游戏的。不过之后，游戏发行被"大力"规范化为一个重要产业（Keogh，2019）。这一转型部分源于专用游戏机的发展，例如雅达利 VCS 和任天堂娱乐系统，以及随后出现的 PlayStation 和 Xbox（Kerr，2017）。虽然专用游戏机仍然是游戏产业一个关键性支柱，但大量其他平台已经出现，让新的游戏类型、商业模式和用户获得发展。例如，十几年前，脸书创造了所谓的"社交游戏"，其中包括开心农场和德克萨斯扑克。同一时间，移动应用商店已经成了形形色色的游戏开发者更加有利可图的分发出口。如今，它们占据了接近一半的全球游戏市场。

相比于社交媒体和游戏，本书的第三个核心案例"新闻产业"在历史上则是充分独立于平台的。几十年来，主要的新闻机构都践行着所谓的"双边市场"。它们一边连接读者，另一边连接广告商。新闻机构掌握着内容的创作、分发、营销和货币化过程，也控制着其用户的数据，因此可被视为是享有自主权的（Argentesi & Filistrucchi，2007）。当然，正如其他任何商业内容的生产者一样，新闻机构曾经服从于市场需求、广告商期望等各种外部压力。更进一步说，作为公共辩论中的关键中介，新闻机构还持续被政治行动者们所围困，这些判断如今也并未过时（Bennett et al.，2007；McChesney，2015）。可以看出，新闻领域中的自主性一直都是相对的。平台的崛起对新闻机构的独立性提出了新的挑战，尤其是搜索引擎和社交媒体平台已经接管了数字广告市场。同时，新闻机构也试图通过平台实现广告收入、获取读者和观众。不过，从整个新闻生态对于平台依赖的程度上来讲，其中还存在着显著差别。BuzzFeed 和 HuffPost 这样诞生于数字世界的出版者是高度依赖于平台的，它们的分发、营销和货币化实践已经与平台充分整合并结盟（van Dijck et al., 2018）。相比之下，传统报纸与平台之间的关系则令人担忧。这些新闻机构之间的差别让我们清晰地看到，平台与文化生产者的关系高度依情况而定，并且极其易变。

最后，从地理区域这个维度来讲，我们也可以观察到平台与文化生产者多种关系之间的巨大差异。这本书并不会深入、系统地探讨这些差异，这仅仅是因为我们缺少足够的区域性知识。即便如此，我们也会纳入更多的国际化案例，还会指出未来研究的路径。本书主要聚焦的是美国、西欧和中国的平台与文化生产。其他地区，例如印度、日本和东南亚，也会被纳入我们的分析中，用于展示平台化形成过程中的重要差异，以及出人意料的相似性。纳入区域性案例的原因是可以提供一个足够灵活的框架，以进一步展开案例分析与比较。

我们已经定义了平台化中心地带的关键行动者，也考虑到了他们与平台的关系的差异性。现在，我们可以转向本书的核心论点了。平台运营商的策略和文化生产者的战术是如何相互连接的？更具体地说，当文化生产者与平台整合在一起时，他们的创作、分发、营销和货币化在何程度上、以何种方式获得了重新配置？

本书的论点和规划

对数字时代文化生产的关注有一个重要的背景。平台——也包括更广义的线上传播——长期以来一直与一种民主化文化生产的话语相连。21世纪初,学者们痴迷于互联网的可能性,认为当时的新平台将驱动转向所谓的"参与式文化"。在这种文化中,每个用户都有可能表达自己并获得观众,本质上就是自己成为生产者(Jenkins,2006;另见Bruns,2008;Spurgeon et al,2009)。这些学者指出,从音乐家到记者,个体可以绕过传统媒体组织的把关人,成为文化生产的积极参与者。从这个角度来看,社交媒体和内容共享平台的兴起,再加上移动技术的广泛应用,都大大降低了个体制作和大范围传播文化内容的门槛(Shirky,2008)。

平台公司的自我定位,不论是话语层面的,还是制度层面的,都一直在推动这种民主化框架。十多年前,塔尔顿·吉莱斯皮(Gillespie,2010:353)注意到,YouTube和其他平台将自己与不同类型的参与者联系起来的方式,是塑造"一个角色和一系列期望。这些角色和期望是每个人都能接受的,也符合平台的经济利益,同时还解决或至少消除了平台与不同参与者之间的矛盾"。平台管理层,例如脸书的马克·扎克伯格,在使用含糊的企业用语方面尤其训练有素。他一会儿称赞脸书用户是被赋权的个体,一会儿又说他们是"消费的观众"(consumptive audiences)(Hoffmann et al,2018:210)。正如一项对社会想象(social imaginaries)的研究所显示的,这种话语工作不仅是由那些平台公司的工作人员完成的,也是由学者、专家和顾问一起完成的(van Dijck &

Nieborg，2009）。他们共同告诉文化生产者、终端用户和其他社会行动者该如何想象和理解平台。

近年来，这些想象，也就是其他地方所说的"平台想象"（platform imaginaries），已经受到了彻底的批判（van Es & Poell，2020）。批判传播学者尤其注意到平台与文化生产者之间关系的深刻不平等，特别是当平台公司的市场估值显著上升，而依赖平台的文化生产者仍处于高度不稳定的状态时（Baym，2018；Jarrett，2014；Kumar，2016）。文化生产者作为平台互补者，在平台改变内容策展和货币化的方式时，可能会经历受众和收入的陡然流失（Cotter，2019；O'Meara，2019；Petre et al.，2019）。

虽然我们自己的研究赞同这种平台批判，也希望可以为这股潮流尽一份力，但对于平台化究竟如何重塑文化的创作、分发、营销和货币化，仍旧所知甚少。到目前为止，研究者已经从各种学科角度研究了平台和文化生产之间的关系，最突出的是媒体产业研究、软件研究、批判性政治经济学和商业研究。尽管它们提供了很多重要见解，并为本书奠定了基石，不过，这些见解也是片面的，因为这些研究传统倾向于关注组成平台化的一些特定要素：市场关系的变化、数据基础设施的发展、新的治理形式、劳动力的不稳定性、新型创意实践的增加，抑或是对民主政治的影响。同时，这些单个的研究也倾向于关注特定的平台或特定的文化生产模式。这使得我们很难把握文化产业内部和文化产业之间的差异。我们所缺少的，恰恰是一种理解文化生产平台化的整体视角（Poell，2020）。

这本书将展示市场、基础设施和治理的变化，以及它们是如何与劳动、创造和民主实践的变化错综复杂地纠缠在一起。通过这些阐释，我们希望能够提供这样一种整体视角。我们如果想要正确理解平台化中一个维度的转变，就必须同时考察其他维度中的相关转变。通过探索这一过程是如何在不同的文化产业中形成的，我们可以发现产业部门之间和产业部门内部存在着的巨大差异。这种平台依赖的差异不仅深刻影响着文化生产者的日常工作，也深刻影响着那些触及网络受众的文化商品。

在本书的前半部分，我们将会从制度角度来审视平台化。我们认为，平台化过程为文化生产者寻找观众和创造收入提供了新的机会，但同时也导致了经济、基础设施和政治以及文化力量前所未有地集中于少数平台公司。在这里，权力并非简单被理解为支配，而是一种高度不平等的、相互的依赖关系。从这种关系的角度来看，权力并不是由某个特定的行动者所掌握，而是既产生于行动者之间的不平等关系，又构成了他们的不平等关系（Emirbayer，1997；Turow，1997）。

第二章考察了平台和文化生产者之间的依赖关系，说明当文化生产者和其他互补者基于平台市场来调整自身的经济战略时，平台化便是通过商业模式的对接来实现的。反过来，第三章将讨论文化生产者如何将他们自己的基础设施与通常看不见的平台基础设施相结合，我们称这个过程为基础设施整合（infrastructural integration）。随后，第四章将会把重点放在治理的标准化上，因为平台精密规定了互补者如何与平台市场中的终端用户与其他行动者进行互动。因此，我们可以借此观察到平台化如何包含经济、基础设施和政治权力的集中化。

以上章节通过分析平台化的制度模式，展示了这一过程涉及的多种制度关系。平台公司经营着自己的内部市场，但同时，它们也总是与其他平台公司、电信公司、消费电子制造商和传统媒体公司展开竞争。这些内部市场和外部市场的关系是紧密相连的：外部市场的竞争促使平台公司通过进入甚至创造新的市场来扩大其经营范围。反之亦然，内部平台市场的快速发展促使平台公司在越来越多的市场中占据主导地位，这也引发了对市场集中化的持续担忧（Moore & Tambini，2018）。

正如本书前半部分所展示的，在基础设施和治理方面，我们可以观察到类似的制度关系和控制集中化之间的纠缠。与任何其他业务一样，平台公司也依赖于公共基础设施，特别是互联网的互联性（DeNardis & Hackl，2015；Winseck，2017）。与此同时，它们还在自己的基础设施上投入巨资，例如（云）计算、网络服务器，以及应用程序商店等数字分发渠道。因此，公共基础设施和平台基础设施不能被分而视之。不过，"平台的基础设施化"意味着私营公司会与公共基础设施展开竞争，并部分取代公共基础设施，进而可能控制网络和应用程序生态系统的关键节点（Plantin et al.，2018）。最后，国家和超国家的管理框架设定了一系列的法律边界，规定平台上可以交换什么，以及由谁来进行交换。平台公司如何解释这些框架，是学者、权威人士、政治家和政策制定者聚焦的关键问题。随着平台日益成为文化交流的中心，平台治理越来越多地塑造了更普遍的线上空间治理（Gillespie，2018；Gorwa，2019a；van Dijck et al. 2018）。

平台内部的动态性使这些制度关系的研究变得更加复杂。例如，互补者群体在群体构成和行动方面的变化促使平台不断调整其内部市场、基础设施和治理战略（Rietveld et al.，2020）。我们将这一调整过程的结果称为平台演化（platform evolution）。同时，文化生产者也必须不断做出相应调整（例如 Arriagada & Ibanez，2020）。这种持续的协商在"广告末日"运动中得到了清楚的证明：广告商离开平台的威胁促使 YouTube 改变其合作伙伴计划。另一边，创作者又因此不得不手忙脚乱地调整内容、挖掘其他平台、寻找有效方法来阻止 YouTube 货币化计划的突然改变，或者干脆接受 YouTube 的新规定。因此，由平台公司控制的、不断演化的竞争环境为文化生产者持续创造着新的机会，但同时也产生了突然的转变和潜在的损失。

本书的后半部分将平台化视为持续演化的文化实践，这与本书前半部分所讨论的制度变革深深交织在一起。我们分析了具体的劳动、创意和民主实践是如何在平台和文化生产者之间的互动中不断发展的。在这里，权力被理解为生产性的，并在平台、文化生产者和各种各样的其他互补者的关系中往复循环（Foucault，2012；Rose，1999）。我们会观察权力如何塑造特定的责任类型、不平等的形式、可见性制度，以及意义建构的模式。换言之，本书后半部分的章节将会探讨平台依赖型文化生产的规范维度。

与平台化的制度维度类似，考察平台实践要求我们分析这些实践如何同时受到了多种影响，其中包括平台和文化生产者之间的互动，也包括文化生产所处的更广泛的社会文化背景。我们应该小心，不要陷入平台决定论或平台本质论的陷阱，也不要无视文化产业和平台所处的更广泛的经济、文化、政治和历史关系。因此，摆在我们面前的挑战，是理解平台化是如何在特定的环境中形成，又是如何通过特定的环境形成的。

为了应对这一挑战，本书第五章在讨论劳动问题时，将会以文化工作中不断变化的文化和政治经济为出发点。在过去的几十年里，各种文化生产方式，就像其他形式的工作一样，受到责任和风险的个人化、"零工"或"共享"经济的兴起及无处不在的企业家精神话语影响，并且发生了巨大转变（Chan，2019；Gandini，2016；Gray & Suri，2019）。这些转变的根源在于世界大部分地区市场的自由化和福利国家的瓦解，这大大增加了文化劳动的经济不安全性。可以肯定的是，这种劳动从一开始就没有保障（Blair，2001；Gill，2011；McRobbie，2016）。尽管如此，我们仍旧认为平台化会进一步加剧这些趋势，制造新的紧张关系。虽然这些紧张关系可以在更广义的文化工作中被观察到，不过，它们却在平台上呈现出明确的特征。本章会详细探讨：（1）可见性和不可见性；（2）集体责任和个人责任；（3）工作稳定性和不稳定性；（4）平等和不平等。基于对媒体行业的研究和对创意劳动的社会学解释，我们讨论了这些紧张关系如何在平台文化工作的鲜活体验中发挥作用。

我们将会在第六章中讨论创意，也就是平台文化生产中可以观察到的新文化和商业形态。我们会考察由于创作和（自我）推销之间的界限从根本上变得模糊，文化生产者的自主权如何承受进一步的压力。与之前的章节类似，我们面临的挑战是理解这些新兴平台实践和规范如何与更广泛的历史趋势相联系。对文化产业的研究表明，在过去的几十年里，文化生产的特点是持续的创造性剧变，并日益与营销和货币化的资本逻辑联系在了一起。为了深入了解创意平台实践的具体轨迹，我们将探讨一系列的紧张关系：（1）大众与小众；（2）质化与量化；（3）编辑与广告；（4）本真与自我推销。通过分析这些紧张关系，本章展示了平台化在促进和限制创意性表达方面起到了哪些作用。

第七章将探讨平台化如何涉及特定的民主实践,以及其中蕴藏的紧张关系。我们将会分析平台依赖型的文化生产所面临的社会、文化与经济现实,是如何与历史上那些寄托在文化产业上的民主理想之间产生摩擦的。本章会特别关注:(1)访问的平等性;(2)多样性;(3)免于伤害权;(4)真实性。虽然平台与文化生产的民主化一直以来都息息相关,不过,我们认为更广泛的社会不平等和社会问题往往会在平台依赖型的文化生产中再现。因此,我们会考察文化生产者如何面对那些阻止他们为公共和公民生活做出充分贡献的障碍。特别需要强调的是,尽管平台市场和基础设施相对开放,但这些文化生产者往往缺乏足够的资源和组织支持。更重要的是,文化工作者参与平台文化生产的能力在性别、种族、阶级和民族方面仍然存在不平等。虽然缺乏多样性对民主构成的威胁已经成为老生常谈,但我们也注意到,平台治理的缺位往往使仇恨、骚扰和不实信息在数字公共领域中泛滥。总之,在过去几年中,特别是在全球疫情大流行的背景下,平台在文化生产中日益核心的作用已经变得毋庸置疑,这将构成一项重大的民主挑战。

第一部分　制度性转变

第二章
市场

导　论

  2007 年，一群科技企业家推出了他们的游戏工作室——星佳（Zynga），这个名字来自其中一位联合创始人的宠物斗牛犬。他们选择了一种当时还很新颖——而且无疑很冒险的游戏发行和营销方式。星佳并没有发布在 Steam 或任天堂 Wii 等现有游戏平台上，而是选择了脸书。这在当时是一个大胆的举动：社交网络脸书的用户群仍然相对较小，大多数终端用户是通过台式电脑，而非移动设备来访问该平台。不过，他们似乎嗅到了脸书的巨大潜力。更重要的是，脸书刚刚推出了"脸书开发平台"（Facebook Development Platform），为外部公司提供"深度整合"，来"围绕您的脸书应用程序建立业务"，这对星佳的成功至关重要（Nieborg & Helmond，2019）。实际上，这意味着如星佳一样的外部开发人员可以访问脸书的部分数据基础设施，来构建自己的"社交应用程序"，用户则可以在脸书上访问这些应用程序。星佳的其中一个社交应用是德克萨斯扑克。作为脸书上最早的游戏之一,它标志着一种新游戏形态——社交游戏——的开始(Kerr,2017)。

通过围绕脸书建立业务,星佳也随着该平台的快速增长而实现盈利,其中的关键在于利用了其用户之间的社交关系,更确切地说,是利用了脸书收集用户数据的能力(Bodle,2011)。这里值得注意的是,脸书的扩张遵循了一条指数级的增长曲线——2004年脸书拥有100万终端用户,2006年增长到1000万,2008年到了1亿,2017年已经超过20亿。在扑克游戏取得初步成功的两年后,星佳推出了开心农场,这是一款模拟农场游戏,在巅峰时期拥有超过8000万月活玩家。开心农场之所以能一鸣惊人,很大程度上要归功于这款游戏简单易懂:它的规则相对简单,除了需要不时登录虚拟农场之外,玩这款游戏几乎不需要什么技巧。在脸书的帮助下,星佳将游戏与平台的数据基础设施和社交功能进行了深度整合。开心农场的玩家不仅不断地被提示与脸书好友一起玩游戏,还可以通过邀请新朋友来更快地在游戏中升级。玩家脸书主页上的动态消息不仅会持续展示其游戏进程,还会公开分享这些加入游戏的邀请。尽管持续不断的更新惹恼了大量脸书用户,但这种传播作为一种强大的宣传机制,注定会吸引新玩家的加入。最重要的是,星佳没有为这场营销闪电战花一分钱。

通过在技术和商业模式层面与脸书加以整合,星佳让社交游戏的"免费增值"(freemium)商业模式流行起来。游戏开发商通过广告、可选的游戏内支付或"微交易"来获得收入,而不是通过订阅收入模式(permium revenue model),即向玩家一次性收取使用费(Nieborg,2015)。由于开心农场是一款免费增值游戏,玩家便可以花真金白银来购买高级虚拟物品,来装饰自己的农场。借助脸书收集的海量数据，星佳开始进行自己的大规模数据挖掘。这不仅是为了优化游戏，也是为了找出哪些玩家愿意付费（Arsenault，2017；Willson & Leaver，2015）。星佳"高度形式化"的游戏设计方法——一种以商业为导向、高度合理化的、数据驱动的游戏制作模式（Keogh，2019）——加上它疯狂地使用脸书动态消息进行垃圾信息推广，这些策略都使星佳并不怎么受业内人士欢迎（Victor，2020）。不过，星佳的高管们似乎并不在意。毕竟，公司成立仅四年，就在纳斯达克证券交易所获得了令人垂涎的一席之地。

在整个过程中，星佳的立场非常清晰：利用脸书的用户群及其丰富的用户数据池来推广游戏。不过，脸书能获得的好处却并不那么明显。那么，脸书在这一商业合作中获得的是什么呢？一个简单的答案是资本。在脸书寻求市场主导地位的关键时刻，星佳提供了现金。同样重要的是，星佳的游戏为脸书带来了流量，并增加了用户在脸书上花费的时间。开心农场的玩家为了确保他们的作物不会枯萎，每隔一段时间就会被拉回到平台上（Burroughs，2014）。在最初的阶段，星佳的侵略性与同样疯狂的脸书简直是绝配。

星佳的兴衰

正如我们将看到的，这并不是星佳这个故事的终点。对于像脸书这样的平台运营商来说，为了发展自身平台，需要与终端用户和外部开发者或"互补者"建立并维持关系。这种不断变化和相互适应的过程被称为"平台演化"（Helmond et al.，2019；

Tiwana, 2014）。随着星佳越来越受欢迎, 脸书用户对恼人的开心农场消息通知的容忍度也越来越低。为了安抚用户, 脸书自 2010 年起开始限制星佳在用户的动态消息上发布内容的权限。2012 年, 脸书切断了与游戏开发商的"特殊关系", 借用平台环境中的比喻来讲, 就相当于解除了好友关系。突然之间, 星佳的地位变得"复杂"了。这家游戏工作室的股票在 2012 年短暂登顶, 随后一路下跌, 直到 2020 年夏天才回到 10 美元的发行价。

在某种程度上, 每个游戏工作室——无论大小、新旧——都面临着与星佳类似的战略困境：是抓住现有的游戏平台, 还是加入新兴平台？如第一章所述。游戏是典型的平台依赖型媒体：游戏发行商必须选择一个或多个平台来发行他们的游戏。就在脸书经历快速增长的阶段, 该平台向文化生产者开放, 为星佳这样的初创企业提供了一个打破各种既有游戏类型和商业模式惯例的理想机会。星佳在为数千万人提供丰富多彩且易于上手的游戏的同时, 还帮助脸书隐藏了其商业逻辑——一个"对玩家活动进行数据收集、聚合、分析和货币化"的高度协调的系统（Willson & Leaver, 2015：155）。事实上, 由于脸书允许星佳访问其社交图谱（social graph）, 也就是其庞大的用户数据库, 星佳也就成为率先采用这种高度形式化的、数据驱动的游戏设计方法的公司之一。

与此同时, 对于新闻机构来说, "加入"脸书这样的平台则是一个更加令人担忧的决定（van Dijck et al., 2018；Nielsen & Ganter, 2018）。换句话讲, 考虑到脸书的全球影响力, 新闻机构可能会觉得有必要通过该平台发布内容并实现盈利。不过, 加入脸书也意味着它们会立刻依赖于该平台的审查实践、策展算法和收入分成计划。由于脸书和其他平台经常改变这些规则, 以应对用户参与、广告商利益或社会关切的变化,新闻机构将其业务全部押在平台上无疑是有风险的(Myllylahti, 2018),更不用说押在一个特定的平台上了。出于这个原因,2016年5月,当脸书推出即时文章(Instant Articles)功能时,许多报纸都表示了失望。为了让用户沉浸在平台中,这个新"产品"将报纸文章托管在脸书的服务器上,并在用户的新闻推送中显示它们。脸书向新闻机构的推销毫不含糊:新闻机构将从与内容一起出现的广告中获得广告收入分成。作为交换,新闻供应商必须放弃自身的控制权,因为即时文章赋予脸书对广告价格、内容可见性和终端用户数据访问的管理权。从这个意义上来讲,脸书的新产品可能会取代新闻机构分发和货币化的既定框架,同时阻碍后者吸引新订户的努力。经过多年的实验,当清楚了这一新来源的收入相当微薄时,新闻机构很快就失去了兴趣,或者干脆选择完全放弃(Rashidian et al., 2019)。

与新闻机构类似,社交媒体产业中的创作者——比如意见领袖、主播和演员——依靠各种商业模式赚取收入(Abidin, 2016; Duffy, 2017; Postigo, 2016)。在接触受众方面,创作者通常依赖于一个特定的平台,尤其是在他们首次推出自己的频道或账号时。但从商业角度来看,他们也参与了一系列创收战略,例如赞助和打赏(Hou, 2019; Johnson & Woodcock, 2019)。由于创作者不一定受到过去商业模式传统的桎梏,也不一定被巨型媒体集团的企业复杂性所束缚,他们似乎享有相对较高的制度灵活性(例如他们可以与其他公司合作,或者为其他公司工作)。我们在这里特别强调"相对"一词,因为在实践中,只有那些聚集了大量粉丝的创作者,才能够在寻找其他收入来源时离开平台。在第五章中,我们通过考察平台劳动实践的呈现方式,来讨论不稳定性的多种表现形式。对于创作者来说,"入伙"一个或另一个平台的经济考量,在很大程度上取决于平台的历史、用户的规模和构成,以及他们所能承载的生产实践(Gawer,2020)。例如,那些倾向于直播自己打游戏的人往往会涌向Twitch。这一平台于2014年被亚马逊收购(Taylor,2018)。直播平台的用户、界面及其无数的变现选项——从打赏到订阅——非常适合游戏直播(Johnson & Woodcock,2019;Partin,2020)。同样,正如"YouTuber"这一绰号所暗示的那样,YouTube的创作者已经与谷歌的直播生态系统深深整合(Burgess & Green,2018)。从商业意义上来讲,它限制了这一特定创业者群体的主体性,因为视频平台采取了高度形式化的(即集中、统一的)商业模式,来激励理性的生产模式(Bishop,2020)。也就是说,尽管YouTube创作者的创意实践可能是非正式的、多样化的,但他们的商业实践绝不是这样。正如我们在第一章中所看到的,个体创作者对YouTube的商业模式(例如广告费用和支付方式)几乎没有发言权(Burgess & Green,2018;Cunningham & Craig,2019;Tomasena,2019)。

社交媒体创作者的例子说明:平台市场千差万别,平台和互补者之间的关系也可能随时变化。在下一节中,我们将从历史的、比较的角度来考察平台化。我们将探索平台公司如何在资本主义市场中竞争,以及这种竞争如何反过来影响它们内部市场的运营方式。随后,我们还会在本章中反思文化生产者所面对的挑战。他们会在这个过程中经历经济的不对等、机遇和权力结构的不平衡,而这些都是平台市场的标志。为此,我们将讨论一系列关键的经济概念：网络效应、定价和平台演化。

新旧经济权力制度

将平台的崛起从文化生产的重组经济（reconfigured economies）中分离出来，需要一种基于历史的宏观经济方法。我们之所以采取这样的比较方法，是因为活跃在不同产业分支的公司之间存在着制度上的彼此纠缠和依赖。与文化生产最相关的是传统媒体公司和平台公司之间的竞争，这直接影响后者运营其内部市场的方式。这些企业之间的竞争不仅涉及争夺市场份额或客户，还涉及获得"人才"（即高技能员工）和金融资本的机会。既然要扩大制度范围，我们就需要把平台公司的崛起、文化产业的转型与"邻近"产业——消费类电子产品和电信行业——放在一起进行考察（Hesmondhalgh，2019，2020；Winseck，2011）。

为了说明后一点，我们来看看音乐产业的转型。在20世纪的大部分时间里，音乐消费与消费类电子产品的技术创新息息相关——从收音机到黑胶唱片、录音带，再到CD（Hesmondhalgh & Meier，2018）。索尼和飞利浦等消费类电子巨头与唱片公司（通常是这些大型企业集团的子公司）一起大力推广这些新技术，而这又通常是通过淘汰之前的技术来实现的。最近，电信公司和流媒体平台（例如 Spotify 和 Apple Music）在音乐的分发和货币化方面发挥了更重要的作用（Morris，2020；Prey，2020）。不过，流媒体平台对音乐产业政治经济的影响不应被高估，因为传统的参与者和产业实践并没有消失。事实上，它们持续对收入、劳动力以及最终的权力体系施加影响（Hesmondhalgh，2020）。

因此，制度比较的视角是有必要的，因为决定与平台合作的文化生产者通常活跃于更广泛的媒体经济和不同类型的平台市场之中。文化生产者并非在文化的创作、分发、营销或货币化的每一个方面都依赖于平台公司。正因为这一点，对平台化的分析便需要考虑到不同产业间的关系。文化生产者可以决定不加入某个平台，而选择"多元归属"（即加入几个不同的平台以降低其平台依赖程度）；或者说，他们还可以寻求与传统（媒体）公司合作或达成约定。有时，这种分歧会导致不同经济和监管范式的冲突。例如，那些习惯了传统商业模式和法律保护的文化生产者可能会发现，自己与平台公司格格不入，因为后者正希望"破坏"这些根深蒂固的制度和经济惯例。正如我们将在本书中反复强调的，这些制度文化的冲突可以作为创造和技术创新的无限源泉，但也可以诱发激烈的竞争、明显的经济不对等，以及社会经济和政治文化的高度紧张关系。

所有这些都表明，文化产业的转型显然是不平衡的。因此，在本书中反复出现的一个论点是，文化产业的延续和变迁在不同地区和产业部门之间都存在差异，有时，这种差异还会相当大（Hesmondhalgh，2019；Havens & Lotz，2017；Miège，2011；Winseck，2011）。由于每个国家的经济发展状况不同，文化生产的变化在"传统、技术发展、制度和产业结构"方面会表现出明显的地区差异（Bustamante，2004：805）。那么，我们如何理解这些制度性依赖的差异——无论是历史上的、公司间的（即产业间关系），还是市场内部的（即产业内关系）？基于（媒体）经济学、批判政治经济学和媒体产业研究，我们认为，消费类电子产业、电信产业、平台公司和传统媒体公司既受到了"集中化"

（concentration）和"数字化"（digitalization）的影响，又推动了这两个进程的发展。关注这两个先于平台经济出现的过程，可以帮助我们理解其中关键的政治经济延续性。

集中化与数字化

至少从表面上看，谷歌、脸书、腾讯、亚马逊和字节跳动等平台巨头似乎无所不能，它们不断增长的市值如今已达到数万亿。不过，尽管平台公司的股价不断上涨、利润不断飙升，我们既不要过度估计其财力的影响，也不要认为平台的经济和财务地位根深蒂固或无懈可击。要知道，在大多数国家的国内市场中，电信、互联网和媒体集团的收入都远高于谷歌和脸书（Winsteck，2020）。

文化生产者无论是否选择将自己的商业模式与平台相结合，在某种程度上都可能会面对全球性的企业集团。当那一刻到来时，他们会发现这些行业部门——电信、消费类电子产品和媒体——是如何由少数几家公司来主导的。几十年来，批判政治经济学和媒体经济学的研究者们一直试图理解企业集中化对文化生产的影响（Bagdikian，1983；Birkinbine et al.，2017；Noam，2009）。考虑到资本积累的历史，这种集中化或许并不令人惊讶。毕竟，推动这种货币累积的经济原则并没有发生根本性的改变。

由于数字化和全球化，跨国经营的企业集团受益于规模经济（economies of scale），即产出增加带来的效率提升。类似地，通过利用范围经济（economies of scope）——即产品多样性带来的效率提升——企业巨头可以收购竞争对手或投资初创企业，并借此获得金融资本。事实上，文化产业的兼并和收购活动已经迅速增加，这在很大程度上要归功于反垄断监管机构的退出，以及各种贸易协议向外国企业开放了国内市场。这些更广泛的经济原则加在一起，有助于解释平台公司当前的影响力。正如我们在下一节中所展示的，平台公司将范围经济和规模经济提升到了前所未有的水平。我们应该注意到，平台的金融实力在历史中确有先例（Srnicek，2017）。垄断力量或寡头垄断竞争——即由一家或几家公司主导的高度集中的市场——自工业时代开始以来就一直存在。

除了企业集群（corporate clustering），文化生产者还面临着文化产业所特有的、驱动集中化的社会经济力量。其中一个因素与关注度有关。在快速发展的传媒经济中，有数以百万计的文化生产者。其中谁是赢家，谁又是输家？我们可以简单介绍一下赢家：少数幸运儿。极小比例的文化产品往往创造了绝大部分的收入和利润。游戏、音乐和电影的消费一直是由头部产品驱动的。成功的作品既是一种社会文化现象，也是一种经济现象（Elberse，2013）。文化产业被描述为"风险行业"并非毫无原因，因为没有人能够预测长期趋势和品味（Hesmondhalgh，2019：32）。一方面，从业者需要有承受损失的能力；另一方面，从业者也必须确保可以获得金融资本，为巨额预算的作品提供资金，而这二者都直接发挥了跨国媒体集团的优势（Fitzgerald，2012；Mirrlees，2013）。同时，现有的品牌、明星、特许经营权的价值，以及粉丝业已形成的偏好，都使中小企业和初创企业处于一种不利地位。

公平地说，所谓的"赢者通吃"和资源的分配不均构成了许多重要行业部门和社会的基础（Frank & Cook，1995）。我们之所以在这里指出这些问题，是因为有两个缓解因素被广泛认为是企业集中化和头部产品驱动文化的解毒剂：数字化和互联网连接——

两者都曾被描述为民主化的体现。法律学者约柴·本科勒（Yochai Benkler）在 20 世纪中叶便指出，数字信息和工具的可获得性已经解除了文化生产与分发的"工业"（即资本密集型和专利）模式中的"核心物质约束"，从而增加了"个体自主权"（2006：133）。在本科勒说这些话的同时，一大批媒体学者、咨询顾问和权威人士指出，生产和消费之间的界限正在变得模糊，"共同创造"（co-creation）和"大众创造力"（mass creativity）正在兴起。事后看来，这种热情虽然可以理解，但的确目光短浅。

唱片公司和新闻机构几十年来积累和维系的文化和经济力量，突然间受到了个体的挑战。这些人可以轻松地传送 MP3 文件或建立博客，并成为公民记者。不过，尽管这种"非市场化"的生产有可能彻底改变信息经济，并且在这一过程中，启动"权力和金钱的实质性再分配"（Benkler，2006：23），但这样的未来并未到来。正如政治经济学家恩里克·布斯塔曼特（Enrique Bustamante）预言的那样："数字变革不会引发一场革命，也不会与过去的历史突然决裂，因为新技术无法消除现代资本主义社会中媒体的核心特质。"（2004：805）虽然抽象地讲，制作和传播数字信息的成本大幅下降，但这并没有消除现有的不平等，例如获取资本、教育和互联网连接机会的不平等（Hargittai & Walejko，2008；Mansell，2017）。不仅如此，生产工具日益提升的可得性也没有对电信、消费类电子产品或媒体集团的资产负债表产生任何影响（Winseck，2017，2020）。

事实上，尽管围绕"用户生产内容"的乐观情绪令人欢欣鼓舞，但对于传统组织来说，信息生产和分发的基本经济学规律并没有因此发生改变，因为制作优质游戏或歌曲的"首份拷贝"（first copy）仍然成本高昂。例如，近几十年来，在游戏行业中，大制作产品的预算一直在增加而不是减少（van Dreunen，2020；Whitson，2019）。法律框架（特别是知识产权制度）也没有进行大刀阔斧的改革，因为它就是为了制造人为稀缺和保护这些重大投资而建立的（Cohen，2019）。

当然，真正的改变也并非没有。借用商业学者的流行说法，数字化和互联网连接让"企业的边界"变得更加松散。不同行业的企业决定为消费者、供应商和竞争对手提供"创新工具包"（toolkits for innovation），而不是参与昂贵的法律诉讼、对供应商进行结构性收购，或与竞争对手合并（von Hippel，2005）。"创新工具包"这一概念是21世纪初由麻省理工学院的商业学者们推广开的，现在看来，它预知了平台公司如何为消费者和第三方公司提供文化生产、分发、营销和货币化的手段。在接下来的两章中，我们将讨论平台如何使用这些工具包来极大地扩展其基础设施边界，并将其作为治理文化生产者的一种方式。不过在此之前，我们要先来考察一下平台经济的主要原则。

平台经济

平台化同时延续和打破了长期确立的经济模式与战略。一方面，谷歌和腾讯等平台公司作为全球运营的科技企业集团，旨在利用范围经济和规模经济，吸引和留住高素质人才，创造有"黏性"的产品和服务，以及有价值的品牌（Barwise & Watkins，2018）。另一方面，平台公司拥有独特的商业模式，并制定了新颖的商业战略（Evans & Schmalensee，2016；Parker et al.，2016）。通过这些做法，平台从根本上重组了制度关系，并导致了随之而来的权力转移。这一观点已经在不同的学科中得到了理论化的呈现。

从 21 世纪初开始，经济学、战略管理、市场营销和信息系统研究领域的众多学者对平台竞争的交易做出了自己的理论贡献（关于这部分文献综述，参见 de Reuver et al.，2018；McIntyre & Srinivasan，2017；Rietveld & Schilling，2020）。这群广义的商业学者之所以主要关注平台竞争，是出于他们以市场为导向的政治思想。这种认识论很容易掩盖权力关系，并绕开何种文化产品在何种条件下生产的问题（Mansell & Steinmueller，2020）。在此言明，我们对市场效率和消费者福祉并不太感兴趣，而更关心经济和基础设施权力的不平等分配，以及平台化如何影响民主规范和价值观（van Dijck et al.，2018；van Dijck et al.，2019）。

在本章的背景下，考虑到这些彼此各异却也相互重叠的观点，我们将平台理解为多边市场（multi-sided markets）。我们将多边市场定义为介于终端用户、内容以及服务供应商之间的聚合器，它聚合的是一系列制度性连接，其中包括经济交易。为了解释这一定义，我们需要理解平台如何让位于市场，又如何控制和构建市场，以及如何产生收益。

首先，平台公司造就了所谓的"多边市场"，因为它们制造和经营的市场介于两个或更多用户群体之间（Gawer & Cusumano，2002；Rochet & Tirole，2003）。平台的角色就是在消费者（或者说是"终端用户"）、企业、政府、非营利组织和其他群体中间扮演"媒人"，而这些群体实际上各自充当了平台市场中独立的一方（Evans & Schmalensee，2016）。经济学家研究的一个热门案例是游戏行业，特别是专用游戏机：任天堂和世嘉等公司经营着典型的双边市场，它们在玩家和游戏发行商之间充当着中介角色（Shankar & Bayus，2003）。在这种情况下，玩家（即终端用户）是需求方，游戏发行商是供应方。我们将把那些不是由终端用户组成的群体称为制度行动者，它们也可以被理解为公司或个体企业家。这样一来，我们就将终端用户和文化内容的制作者区分开来，如第一章所述，我们将后者视为更广泛的机构化行动者群体的一部分，也就是互补者（complementors）。

其次，我们在本书中考察的平台公司不仅仅是"媒人"，它们还战略性地开放其企业边界，通过互补者来刺激外部创新（Baldwin & Woodard，2009；Gawer，2020）。在这方面，谷歌、苹果和脸书等平台公司与那些以零工经济为核心的"交易"平台不同。尼克·斯尔尼塞克（Nick Srnicek）将后者描述为"精益平台"（lean platform）（2017：73），例如滴滴、来福车和优步等交通平台，它们将司机和乘客聚合在一起，但不允许这些司机进行补充性创新并向外提供（例如提供额外服务的应用程序）。相比之下，像脸书这样的平台确实允许互补者进行外部创新。我们在引言部分讨论了游戏开发商星佳如何制造了"社交游戏"，就是这种创新的一个例子。脸书不仅帮助星佳"匹配"玩家，而且打开了自身平台边界，以构建与其数据基础设施和技术相结合的游戏（Nieborg & Helmond，2019）。

可以肯定的是，平台和互补者之间的制度性关系并不是所有研究平台的学者都非常关注的问题。不过，人们却普遍认为，当其他平台以脸书曾经使用的方式开放边界时，就会产生一种极为的紧张关系。当平台这样做时，它有可能成为一种民主化力量，提供市场准入和经济机会，但同时保留完全的控制权

（Constantinides et al.，2018）。换句话讲，平台会有选择地向互补者开放其边界，不过，这一切都是在经过它们选择的经济和基础设施条件下进行的。对此，我们在后文会进行更广泛的讨论（de Reuver et al.，2018；Tilson et al.，2010）。

那些活跃在文化产业的平台公司倾向于两者兼顾——既充当"媒人"，又允许外部创新。因此，它们被认为是"结合了交易和创新功能"的"混合体"（Gawer，2020）。当我们把这两个特点结合在一起，在文化产业中活跃的平台如何作为公司运营这个问题上，便可以看到这些平台的第三个方面：商业模式。大多数传统媒体集团（例如迪士尼）都遵循知识产权（IP）所有权模式。这一模式"旨在通过版权创造稀缺性"（Cunningham & Craig，2019：101）。换句话说，迪士尼让其子公司——例如华特迪士尼影业、漫威、卢卡斯影业和皮克斯动画工作室——花费高昂的成本来制作原创的文化内容。然后，这些文化产品被授权给第三方，或者用于推广品牌产品、促进公园和音乐剧的门票销售，或者只是基于其原创 IP 来创作更多内容（Wasko，2020）。

相反，众所周知，平台公司并不愿被视为媒体公司（Napoli & Caplan，2017），我们在随后的章节中对此提出了疑问。平台公司的主要收入来源包括广告（谷歌、百度、脸书），硬件销售（苹果、三星）或电子商务和云托管（亚马逊、阿里巴巴），而不是制作或委托制作文化内容并出售给消费者。这并不是说这些公司从不制作或委托制作媒体内容。自 2015 年前后，苹果、亚马逊和其他平台企业在基于 IP 的文化商品（如电影和电视节目）上投资了数十亿美元。不过，如果看看资产负债表就会发现，与其主要业务模式相比，它们从这些业务中获得的收入是相对次要的。这些平台主要的业务模式仍旧依赖于制度性连接和数据汇集，还有可能包括辅助交易。总之，平台的主要收入来源非常重要，因为它决定了平台可以给互补者提供多少有利条件。

网络效应与定价

为了更好地理解多边市场的政治经济学，我们有必要确定构成这些市场的核心经济原则，以及平台公司面临的后续战略。这些原则和战略共同塑造了文化生产者的经济视野。其中包含特别相关的两个概念：网络效应（network effects）和定价（pricing）。

像所有的数字和物理网络一样，平台追求规模经济，因为它们受益于互联网的连接性，这反过来又让网络效应成为可能。所谓直接的网络效应，意思是加入网络的用户越多，网络就越有价值（Katz & Shapiro，1985）。这些效应，或者经济学家所说的"网络外部性"（network externalities），在数字市场尤其明显，因为数字市场的边际成本（增加额外单位或用户的成本）很低。网络效应有助于解释这种快速增长的潜力：如果平台市场扩张（这一点从未得到保证），其增长可能是突然而迅速的。当直接的网络效应为正时，应用程序会快速扩散。在这一点上，Snapchat、TikTok、Instagram、微信和WhatsApp都是很好的例子。

我们要强调的是，直接的网络效应并不是平台和应用程序所独有的：任何活跃在数字市场的公司都可能从增加额外用户中受益。不过，让多边（即平台）市场不同于传统的市场结构（包括实体和数字）的，则是前者还会产生"间接"或"交叉"的网络效应（Evans & Schmalensee，2016；Rochet & Tirole，2003）。这意味着,在积极的情况下,加入平台市场的用户越多,该平台对用户的价值就越大。回到专用游戏机双边市场的例子:拥有PlayStation的玩家越多,这款游戏机对游戏发行商的价值就越高。反之,平台中的游戏越丰富,平台拥有的互补者越多,就能更好地向想要购买新游戏机的玩家提供价值主张。这个例子表明,网络效应会显著影响互补者:由于与平台公司位于同一市场或网络,互补者可以从平台不断增长的终端用户群中获益。在我们开篇的例子中,游戏开发商星佳便是利用了脸书当时的迅速扩张,取得了巨大的成功。

平台商业模式的设计塑造了平台依赖型文化生产者身处的经济环境。在创建平台市场时,平台运营商面临着一系列根本性的战略挑战,例如:先吸引哪一方,互补者还是终端用户,供给方还是需求方?也就是说,运营商必须解决"先有鸡还是先有蛋"的问题,并注意一定要"让双方都参与进来"(Rochet & Tirole, 2003: 990)。除此之外,还有定价方面的挑战。一个关键的决策在于针对终端用户、文化生产者与其他类型的互补者,是否收取费用或发放补贴,什么时候、向哪一方收取或发放,收取或发放多少?双边市场可以利用从一方获得的收入,为另一方提供免费接入的机会。例如,就脸书而言,它与大多数社交网络一样,其终端用户可以免费访问该平台,这些访问带来的成本是由广告商来覆盖的。在谷歌和苹果的应用程序商店中,终端用户可以免费下载各种应用程序,但只要出现了任何货币交易,开发者就需要向平台支付交易额的30%。

平台公司在设计商业模式时的选择取决于许多经济变量,这些变量因平台和市场而异。其中可能包括公司收入和利润的主要来源，还可能涉及行业规范。

我们已经简要介绍了第一个变量，即平台的主要商业模式。平台产生收入的方式决定了其战略方向和增长能力。正如我们所看到的，平台一方持续的引导会直接影响到互补者。例如，平台在什么时候选择支持哪一方（终端用户或互补者）是非常重要的。以谷歌为例：谷歌在 YouTube 和搜索业务中，一贯倾向于安抚广告客户，而不是终端用户或内容创作者（Caplan & Gillespie，2020；Rieder & Sire，2014）。

影响平台定价决策的第二个变量是竞争对手的行为和行业规范。考虑到数字媒体经济的演进中提供了众所周知的"免费午餐"文化，平台必须有令人信服的理由，才能向终端用户收取访问费用。2008 年，当苹果的应用程序商店打开虚拟大门时，游戏定价过高已是常态。十多年后，绝大多数游戏应用程序都采用了免费增值的商业模式。有些时候，采纳新商业模式的速度之快，的确令人惊讶。自 2010 年起，谷歌和苹果开始向应用开发者收取 30% 的应用内交易费用。直到最近，这种定价标准才开始发生变化。不过，这仅仅是就谷歌和苹果而言的。在其他地方，例如在中国，应用商店运营商、硬件制造商和商业模式的种类要多得多（Zhao，2019）。

我们将网络效应和定价分开来讨论，这样做仅仅是出于分析目的。在现实中，这两者是相互关联的，一起形成了数量多到令人眼花缭乱的经济议题和问题，留待平台生态系统中所有参与者去解决。管理终端用户和互补者是一个内在的动态过程（Gawer，2014；Rietveld & Schilling，2020）。反过来，平台在吸引用户和改善定价结构之间所做出的平衡行为，也给文化生产者带来了不确定性和风险。接下来，我们将从平台演进的视角来讨论这些不确定性和风险。这使我们能够对平台和互补者之间的高度权变性（contingent）关系进行更细致的审视——这不仅取决于战略和经济决策，还取决于复杂的时间变化。

平台演化与生态系统

网络效应和商业模式设计（即定价）在平台市场的复杂性和波动性中都发挥着作用。更确切地说，它们带来了"前所未有的速度"（也可以称为周转率），平台市场随之演化，平台业务随之扩大（Cuninngham & Craig, 2019：37；另见 Arriagada & Ibáñez, 2020）。回想一下在第一章中，我们讨论了脸书的飞速增长：2020年，它获得了184.8亿美元的利润——远远超过了迪士尼的110亿美元。更重要的是，迪士尼公司建立起一个全球帝国，花费了近一个世纪的时间，脸书的崛起则只经历了十多年。网络效应，无论是直接的还是间接的，都极大推动了脸书的增长，除此之外，其中的推动力量还包括平台通过各种经济和技术手段"锁定"（lock in）终端用户和互补者的能力。

优化商业模式的动态过程和平台吸引用户的努力可以被理解为平台演化（platform evolution）。这个概念抓住了一个重要事实：平台公司的制度关系是权变性的，并会不断变化。商业学者对平台演化的不同阶段与平台在"生命周期"中的位置做出了区分。商业学者安娜贝拉·加威尔（Annabelle Gawer）解释道，在"启动阶段"，"平台会首先考虑通过网络效应实现增长"（Gawer, 2020）。此时，平台可以决定为互补者提供一系列津贴和奖励，例如免费使用高级工具、特殊认证（比如徽章或证书），以及提高互补者在平台上的可见性（Helmond et al.，2019）。在达到临界点后，平台进入"成熟"阶段。在此期间，它们会更严格地筛选合作伙伴。因此，平台的生命周期会影响平台依赖型的文化生产。例如，最近的研究表明，从经济角度来看，个体文化生产者往往在平台生命周期的后期变得不那么重要（Rietveld et al.，2020）。

对于互补者来说，由于终端用户在生命周期各阶段中的行为难以预测，平台演化会变得更加难以驾驭。随着平台的发展，终端用户的异质性也在增加。在平台启动阶段加入的终端用户被称为早期采用者（early adopters）。他们倾向于投入更多的时间和金钱来探索新技术（Rietveld & Eggers，2018；另见 Rogers，2003）。这种时间的动态性反过来又会迫使互补者面临新的战略决策：何时加入平台？何时离开平台？虽然早期加入是有风险的，但在平台生命周期的后期加入，则意味着互补者之间的竞争也会增加。更重要的是，互补者将会遇到晚期采用者，这一部分终端用户往往更倾向于规避风险，对平台忠诚度更低（Rietveld & Eggers，2018）。不过，话又说回来，在成熟阶段，消费者的总体规模可能会呈指数级增长。

当一个平台的启动阶段结束时，它可以改变定价策略，但也可以选择为其业务增加更多参与方。这正是脸书在 2007 年所做的事。最初，脸书仅仅是一个双边市场，在终端用户（即学生）和广告商之间起到中介作用。"脸书开发平台"（Facebook Development Platform）的推出将这个社交网络变成了一个多边平台，因为它邀请了星佳等内容创作者来进行互补性创新（Nieborg & Helmond，2019）。

在平台多边市场中，包括从经纪公司到数字广告公司的各种中介（intermediaries）是一个重要的参与方，或者叫用户组（user group）。当平台公司成熟时，中介便会与之进行整合。例如，如果创作者想要扩大生产规模，或使其运营专业化，就可以与过去被称为"多渠道网络"的公司合作：这些公司结合了代理商、出版商和营销机构的角色（Cunningham & Craig, 2019; Lobato, 2016）。同样，活跃在脸书上的游戏和新闻公司也严重依赖"数据中介"（例如数据分析公司、移动营销机构等），这些中介"是人类行动者、代码、软件和算法等塑造新数据形式传播和整合的积极因素的集合"（Beer, 2018: 476）。互补者可能会选择使用脸书内置的数据工具，不过，为了使脸书广阔的"社交图谱"（Social Graph）清晰可辨并扩展平台的功能，数据中介还会提供脸书所不具备的、广泛的互补性创新（Helmond et al., 2019）。值得注意的是，许多新出现的平台中介——从多渠道网络到数据分析公司——已被传统媒体集团（如迪士尼）或平台公司收购。这些例子表明，文化产业中的传统行动者远未退场。相反，他们倾向于重新进行自我定位，往往采取整合平台基础设施的做法，为平台依赖型的文化生产者提供服务。

为了通过吸引各方新用户来保持增长，大型平台公司已经转型为运营着不同平台子公司的母公司或控股机构。例如，YouTube是谷歌的子公司，而谷歌是Alphabet的子公司。同时，谷歌还运营着其他平台子公司，例如谷歌搜索和Google Play应用商店。虽然谷歌通常被称为一个平台，但其不断扩大的平台子公司都运行着不同的商业模式。YouTube的广告驱动商业模式与Google Play应用商店的主要收入来源并不相同，后者的收入既来自广告，又来自交易费用。同样，脸书的应用程序，特别是他们收购的应用程序（Instagram 和 WhatsApp），可以被视为其子公司，因为每个应用程序本身都是一个多边市场。因此，分析平台公司结构的一种方法，就是将其视为平台生态系统（van Dijck et al., 2018）。回到平台演化的作用，这些市场整合的实例都与互补者有关，因为每个子公司的增长都巩固了平台公司对其更广泛的生态系统的控制。

赢者通吃？

来自不同行业和地区的数以百万计的文化生产者涌入平台，这一浪潮的政治经济影响问题也随之浮出水面。那么，平台市场特有的经济特征和制度关系——网络效应、定价、平台演化和生态系统——如何影响文化创作者生产、分发、营销和货币化的能力？平台究竟是挑战还是加剧了文化产业中业已存在的经济不平等？对于后一个问题，我们倾向于给出一个不太乐观的观点。在平台经济中，价值和资源的分配是高度不均衡的。仅凭网络效应就产生了"老用户引入新用户的循环，这导致平台具有天然的垄断倾向"（Srnicek, 2017: 45）。在平台竞争的情况下，如果一个赢家出现，就往往会占据主导地位（Barwise & Watkins, 2018）。

让我们回顾一下之前对星佳公司的历史描述。其中，经济权力在单一实体（脸书）上获得积累，这种政治经济的动态发展令人非常熟悉。对于文化生产者来讲，任何新平台的推出都代表了一个关键时刻。毕竟，正是在这个关键时刻，平台运营商才可能会向互补者提供"上船"的激励，就像脸书向星佳提供其终端用户和数据的特殊访问权限一样。与此同时，脸书每增加一名终端用户，就变得更强大一些,"由于网络效应以及规模经济和范围经济,平台可以实现一定程度的用户参与,从而巩固其在市场中的地位,并进一步提高其数据化能力"(Mansell & Steinmueller, 2020: 39)。我们已经看到了这对星佳意味着什么。在收入和终端用户达到临界点后,脸书便决定不再依赖那些开发社交游戏的个体互补者了。

因此,早期对于平台化能够打破企业集中化循环的看法,现在从经济角度看是值得质疑的。商业学者已经认识到这一趋势,并将平台市场描述为"赢者通吃"(Constantinides et al., 2018; Schilling, 2002)。因为平台是交易和连接的聚合器,所以在任何时候,能够在在经济上取得成功的平台公司的数量是有限的。之所以如此,部分原因是:如果终端用户和互补者想要在不同的平台上活动,就会面临成本问题。集中化加强的另一个原因是脸书和谷歌等平台公司的数据驱动性质。他们在数据存储、分析和机器学习方面进行了大量投资,与试图取代他们的平台相比,这使他们获得了几乎不可逾越的优势(Mansell & Steinmueller, 2020)。既有平台已经收集的历史数据很难获取,更不用说复制了。

"赢者通吃"会带来巨大的政治经济后果,这也导致了全球范围内的反垄断调查。如果我们考察那些平台依赖型的文化生产,便会发现"赢者通吃"效应也适用于互补者。换句话讲,平台公司和互补者其实都在利用直接的网络效应和规模经济。回想一下文化市场中积极网络效应的逻辑:听歌、观看流媒体或使用应用程序的终端用户越多,这些文化商品对其他终端用户就越有价值。这些效果是市场集中化的根本原因之一。以备受争议的社交媒体内容制作者PewDiePie为例。多年来,这位广受欢迎的YouTube创作者一直非常精明地利用平台的社群特征,允许终端用户对他的视频进行评级、分享和评论。整个 2019 年，在突破 1 亿订阅者的冲刺中，他敦促自己的粉丝鼓励身边的人订阅。PewDiePie 可能不是最好或最有趣的 YouTube 创作者，但一旦网络效应开始发挥作用，这些就无关紧要了。PewDiePie 就是"流行原则"（popularity principle）（van Dijck, 2013：13）的一个例子，他通过在排行榜上取得领先，使自己得到更多的推荐，终端用户也会更多地谈论他，然后一直如此循环下去。这个例子展示了互补者如何利用平台"赢者通吃"的规律。不过这也可以理解，他们毕竟是受营利驱动的行业参与者。在这样一个关注饱和的市场中，他们的增长把其他创作者挤了下去。

尽管相对开放的边界使得更有可能通过平台获得经济收益，不过，这种可获得性并不一定意味着文化产业的民主化。相反，平台依赖型的文化生产充斥着经济的不平等和不对称。音乐行业的财务分析（Aguiar & Waldfogel, 2018; Ordanini & Nunes, 2016）、应用程序的生态系统（Bresnahan et al., 2014; Nieborg, Young, Joseph, 2020），以及推荐系统对销售多样性的影响（Fleder & Hosanagar, 2009）都证实强烈的流行度偏好。最近关于 YouTube 上关注分布的研究描绘了一幅类似的画面。在"频道、上传和观看"方面，YouTube 的 18 个不同的预设类别中都存在鲜明的对比——绝大多数观众都涌向了每个类别中占比极小的频道（Bartl, 2018；另见 Rieder et al., 2020）。YouTube 等平台上的内容供应几乎是无限的，这让人们很容易忽视需求的高度集中性。类似的是，虽然个体可能会消费更广泛、更多样化的产品，但整体而言，随着集体涌向数量更少、更受欢迎的明星、热门作品和畅销书，多样性实际上会降低。因此，多边市场的政治经济学似乎在本质上阻碍了经济可持续性和文化多样性。平台市场中的交易分布也是高度倾斜的，很小比例的互补者获取了大部分的下载、浏览、点赞、收入以及最终的利润。此外，尽管平台有能力通过将关注转向那些未被充分代表的声音，以增加其文化多样性，但为了那些精选的热门作品，它们往往不会这样做（Rietveld et al., 2020）。我们将在第四章和第五章中讨论这些问题。

那么，这一切是如何影响文化生产者的呢？生产者们又是如何驾驭平台市场呢？有些令人惊讶的是，对于主流经济学家和媒体学者来说，个体互补者和特定行业部门所身处的经济环境仍未得到充分探索。因此接下来，让我们转移视线，首先去看看为什么互补者会被吸引到平台上。

成为互补者

尽管平台经济非常复杂，但数以百万计的文化生产者决定参与进来并依赖于平台。经济不对称既是一种阻碍，同时也是一种潜在的经济机会。文化领域的平台市场与实体领域的"精益"或"交易"平台——如交通或住房平台的不同之处在于：前者的收入潜力几乎没有上限。如第一章所述，数字形式的信息商品是非竞争性的，这意味着一个人消费它，并不妨碍其他人做同样的事情。此外，数字分发的边际成本很低，在数字市场中接近于零。一旦文化生产者拥有了应用程序的数字拷贝，收入就只会受到需求的限制。相比之下，优步司机的收入潜力，却必然受到工作时间的限制。

文化产业的明星系统（star system）是收入分配不均的另一个

驱动因素,"赢者通吃效应在娱乐市场尤其强烈,因为最受欢迎的创意人才的表演可以较低的额外成本复制"(Elberse,2013:90)。有数千万的终端用户涌向 TikTok 红人查莉·达梅里奥(Charli D'Amelio),不过,即便一名优步司机能够获得五星评级,但这也不会给他带来数百万的潜在收入。

平台市场的收入潜力只会随着其持续的全球扩散而增加。从历史上看,物质性的文化商品在试图进入外国市场时会遇到障碍,小企业家和新进入者的成本尤其高。毫无疑问,平台增加了市场准入机会,从而带来了更多的经济机会。同时,平台也降低了不同形式文化的创作和分发成本。

文化创作的成本——拍摄视频、录制歌曲或制作高质量的照片——已经大幅下降(Benkler,2006;Shirky,2008)。与此同时,在新闻生产领域,从事新闻工作所需的工具,"例如获取新闻稿、新闻服务、档案、专家访谈和其他研究工具","如今可以被任何上网的人使用"。这使得自由记者可以在新闻机构的传统界限之外工作(Cohen,2016:85)。就平台运营商而言,他们允许既有的(数字)工具和软件格式与之无缝整合,只收取象征性的费用就提供平台依赖型生产软件,或者将生产工具直接与平台集成。最后一种策略,也就是工具的垂直集成(vertical integration of toolsets),构成了新出现的平台实践的核心。它们让用户不用再接受大量培训,也不用使用额外的软件。

除了降低创作成本之外,平台也给分发成本带来了下行压力。Spotify 和 Twitch 等平台对营利性开发者不收取分发费用,社交游戏开发商(如星佳)不必向脸书支付在其服务器上托管内容的费用,社交媒体行业的创作者也从未收到过托管账单。这可能听起来有些显而易见，不过与十年前相比，今天的情况有了很大不同。在音乐和新闻业等传统市场，实体分发的成本在过去——现在仍然可能——令人震惊。这些费用不仅包括展示（即报纸、书籍和光盘的运输），而且还有协调分发的成本，这就说明了吸引互补者加入平台的另一个重要原因。

数字平台通过削减交易成本——即做生意本身产生的成本，大幅减少了经济摩擦（Gawer，2020；Parker et al.，2016）。对于终端用户来说，参与经济交易是相对无缝的。对于互补者来说，从平台公司获得报酬可能很困难，但总体而言，交易成本却低于实体市场。至少在理论上，支付规则是统一和明确的。例如，苹果公司向应用程序开发者支付的款项"不迟于月周期结束后的三十天"。这听起来像是一个微不足道的细节，但正如任何创业者都可以证明的那样，按时获得报酬，而不必聘请律师来追讨拖欠债务，可以节省大量的时间和金钱，并避免焦虑。然而在实践中，互补者指责平台公司的支付系统不稳定，还有更糟糕的是平台公司不公正地惩罚创作者（Duffy, Pinch, et al.，2021）。

除了让文化生产者节省创作、分发和交易成本外，平台公司还为他们提供了接触规模更大、更多样化的终端用户群体的机会。例如，脸书有一百多种语言版本。苹果、微信、阿里巴巴和Line在为大量国家和地区的受众服务（Jia & Winseck，2018；Mohan & Punathambekar，2019；Steinberg，2019）。对于致力于吸引不同地区用户的生产者来说，这种广阔的范围产生了深远影响。虽然最大的平台公司总部仍旧位于少数几个国家（即美国、中国和日本），不过，互补者在地理上却更加分散。例如，YouTube的内容"很大程度上具有天然的全球性"。因此，这些平台上的内容创作者"比起主流屏幕媒体，在种族、文化和性别层面更加多样和多元"（Cunningham & Craig，2019：49，11）。在图书、音乐和游戏行业中也可以看到类似的地理多样性的增加。基于文化或语言的亲切感在这里起到了重要作用。例如，在印度，讲孟加拉语和马拉地语（在印度使用的121余种语言中的两种）的创作者利用流媒体平台，满足了"来自当地和全球印度侨民的地方性内容需求"（Mehta，2020：117）。

商业模式的一致性

为了获取经济机会，文化生产者必须与平台保持一致。要进入平台市场并从事经济交易，互补者必须调整其商业模式，与平台运营商设定的经济框架保持一致。一个平台的商业模式是对经济技术和经济标准的高度形式化安排，旨在建立互补者之间的信任。尽管这样的框架可以随意改变，但它确保了市场的透明度，减少了经济摩擦。定价标准只是平台如何将交易正式化的一个例子。比如说，通过苹果应用商店销售付费应用的应用开发者不能参与动态定价，因为他们不能随意定价，也不能给个人用户设定不同的价格。相反，他们必须从苹果预先设定的价格点中进行挑选。

广告是推动平台市场最明显的货币化选择之一，不过，还存在着许多其他的收入来源，例如订阅、微交易和打赏。苹果应用商店列出了五种可供选择的商业模式：付费（固定的、预先的付款）、免费（通过广告营利）、免费增值（可选择的应用内购买）、订阅（循环性收入）和付费增值（付费和免费增值模式的混合）。也有一些平台没有为互补者提供内容变现的直接手段（Stoldt et al.,

2019）。WhatsApp、Instagram 和 Twitter（2023 年更名为 X）等社交网络欢迎互补者在其平台上建立业务，但不提供直接收入来源。这些平台与其用户（包括终端用户和互补者）之间心照不宣的共识是：这些平台子公司作为一种获得可见性和引导关注的途径存在。Instagram 上的网红可以通过发布品牌方赞助的内容来获得相当可观的收入，但脸书本身却并不直接为帖子付费。因此，脸书一直让传统机构，尤其是新闻组织感到很头疼（Myllyahti，2018）。

总体而言，这些例子表明，虽然平台商业模式具有高度形式化的特点，但互补者在创造收入时并不完全依赖于平台。例如，音乐人保留了在平台边界之外获得收入的能力，例如通过销售商品或现场表演（Hesmondhalgh & Meier，2018）。对于互补者来说，在平台依赖和平台独立的收入形式之间找到"正确"的平衡，可能是一项复杂而持续的工作。例如，Spotify 不仅可以播放音乐，还能帮助用户购买音乐会门票，这无疑使它对那些之前独立于平台的交易拥有了更多控制权。同样，Twitch 增加了许多变现功能，其中一些功能将这一流媒体平台深入整合进了其母公司亚马逊中，成为其业务部门中的一个。

最后，数字市场之所以比实体市场更高效，是因为平台能够提取、存储和分析其终端用户的信息及其所促成的任何交易的信息。尼克·斯尔尼切克甚至说，"21 世纪的发达资本主义"的核心是"提取和使用一种特殊的原材料：数据"（Srnicek，2017：39）。平台可以为互补者提供详细的市场和客户洞察，而且通常还是实时的。可以肯定的是，系统性收集用户或市场数据的行为，并非没有历史先例，因为媒体公司长期以来都在收集那些可操作的信息（Ang，1996；Napoli，2011；Turow，2011）。不同的是，它们的规模和速度远远比不上如今的平台。

数字市场数据化带来的后果是非常复杂的，本章将着重讨论其中主要的一项：降低成本。与非数字市场相比，数据化的另一个副产品是，平台市场可以变得更加透明——至少对那些有权访问平台数据的人来说是如此的。例如，数据中介可以知道哪款应用程序在应用程序商店中排名第一，创作者可以看到有多少人在观看和打赏，记者可以对标题进行测试，看看其中哪个更能吸引读者（Beer，2018；Petre，2018）。同样的，由于数据是数字广告生态系统的核心，平台公司仍然处于跟踪、分析和建模其终端用户行为的最前沿（Couldry & Mejias，2019；Turow，2011）。游戏开发商、电影工作室和报业公司分别使用数字平台来宣传游戏、推广电影、销售订阅。由于谷歌和脸书对数据跟踪和目标用户定位技术的不懈投资，广告技术提供的功能变得非常复杂，而且似乎无穷无尽（Crain，2019）。

不过，正如数字化和数据化带来的许多变革一样，数字广告对互补者来说，也是一把双刃剑。一方面，它使得文化生产者可以发现、跟踪和瞄准新的终端用户群体，这些群体可以被分割成高度细化的子群体。比方说，与在当地报纸上刊登广告相比，中小企业使用脸书和谷歌广告工具的便利性是非常显著的。对于游戏开发者来说，使用脸书的目标用户定位工具让他们可以轻易发起一个小型广告活动。例如，他们可以针对一小群玩家，看看他们是否喜欢这款新游戏。使用脸书的广告分析工具，这个游戏的开发者还可以看到下载用户确切的人口统计数据，以及那些持续玩游戏的玩家的特征。反过来，这些数据还可以用来发起更具针对性的数字广告活动。

另一方面，使用平台进行"用户获取"活动，只会使互补者更加依赖于平台。在某些文化产业领域，例如游戏应用程序，对于新的市场进入者来说，在不花钱的情况下持续增加用户数量，可能不确定性太大、速度太慢，或者根本不可能。因此，如果游戏发行商想要吸引受众，并在永无止境、数字内容过剩的环境中获得关注，他们就必须在数字广告活动上投入巨资。与许多竞争对手相比，脸书和谷歌的数据更丰富，目标用户定位的能力更强，这造就了一种双头垄断的态势，并对数字广告生态系统产生了重大影响。因此，脸书和谷歌可以设定测量标准和价格，并在几乎不受惩罚的情况下执行特别的规则。

结　论

正如本章所展示的，随着越来越多的文化生产者通过平台来完成内容和服务的生产、分发、营销和货币化，平台已经成为文化产业关键领域的中心市场。反过来，这又影响到文化生产者作为经济行动者的运作方式。他们的商业模式与平台的商业模式需要保持一致，因此便受制于平台市场的经济变化。首先，在平台依赖型的文化生产模式中，长期以来文化产业所特有的"赢者通吃"的局面进一步加剧。与其他数字市场一样，平台受益于直接的网络效应，加入平台的用户越多，平台就越有价值。不过，与其他市场不同的是，平台还具有间接的网络效应。这意味着当更多的终端用户加入一个平台时，这个平台对互补者就变得更有价值，反之亦然。在积极的情况下，这些网络效应不仅使平台迅速成为主导市场，还导致文化生产者之间更大的差异。虽然一些创作者、游戏发行商和新闻机构会因此变得可见度极高，但同时，其他人在很大程度上却仍然是不可见的。

其次，文化生产者作为互补者，受制于平台市场的波动。为了吸引终端用户和互补者加入，同时避开与传统媒体公司、电信公司和其他平台的竞争，平台会不断演进、改变定价模式、并调整其市场准入门槛。虽然所有市场本质上都是动态的，平台市场却尤其反复无常。当一个平台刚刚出现时，它往往会高度适应文化生产者，因为它特别需要增加互补者的数量。不过，当一个平台达到"成熟"阶段时，它就可以根据自己的条件改变定价模式和平台规则，这会直接影响到成千上万的内容生产者。在本书的后半部分，我们将再次回到波动性（volatility）这一问题上，对平台劳动力的不稳定性和平台创造力的权变性本质进行讨论。

现在，让我们回到本书的中心论点，也就是文化领域权力关系的重组之上。在经济方面，我们可以观察到，平台化同时涉及经济权力的去中心化和中心化。尤其在平台开发的早期过程中，平台会为文化生产者提供了新的经济机会，例如帮助他们寻找用户、创造收入。这些机会不仅对大型媒体公司开放，也对个体文化生产者开放。因此，平台化为个体生产者提供了从传统媒体公司中获得经济解放的可能。同时，当网络效应出现时，平台化则会导致经济力量向少数平台公司过度集中。这种权力的不断集中，加之平台市场的持续演变，对于文化生产者来说尤其成问题，因为权力的不断集中加剧了资源分配不均和其他形式的经济不平等。

第三章
基础设施

引　言

尽管过去十年中有数百家报业公司倒闭，创办于1821年的著名英国日报《卫报》却一直处于明显的上升轨道。截至2020年底，《卫报》全球的月活用户达到3560万，包括纸质版和线上版读者①。该公司在招聘方面的表现也非常好——至少在新型冠状病毒肺炎大流行迫使它削减180个员工岗位之前是如此的。在新冠来临之前，《卫报》的"为我们工作"页面还刊登着数十个空缺职位的招聘广告，这些职位按照编辑、商务和业务运营等大众熟知的类别进行了划分②。与此同时，《卫报》的招聘还出现了一个全新的类别，即"数字开发"，其中列出的空缺职位同样适用于游戏工作室——工程经理、软件开发人员和数据科学家等。和任何一家有着超越国界的野心的新闻机构一样，《卫报》在寻找那些能够有效帮助他们

---

① https://advertising.theguardian.com/advertising/why-us.
② https://workforus.theguardian.com/.

执行双管齐下出版战略的专家：首先，将读者吸引到其数字渠道（即它的网站和应用程序），并用所谓的"黏性内容"将读者留住；其次，通过在外部的平台和应用程序（从脸书到Snapchat，再到亚马逊的Echo设备）上发布内容并变现，来部署其平台原生战略（platform-native strategy）。

新闻的平台化不可避免地给报业出版商带来了巨大的挑战，不过，同时也带来了应对这些挑战的战略机制（Burgess & Hurcombe，2019；Nielsen & Ganter，2018；van Dijck et al.，2018）。制定这样的对策会引发各种问题。例如，你会在新闻制作、分发、营销和货币化的哪个阶段与平台进行合作？是尝试把用户"拉"到你的数字领域中，还是把内容"推"到用户所在的地方？对于第二个问题，在《卫报》的案例中，答案是两者都有。《卫报》在其网站的广告招商栏中如此自夸道："我们介绍冠状病毒的动画视频很受欢迎，在YouTube《卫报》新闻频道的视频中排名第三。"[1]

重要的是，这些例子突出了平台依赖型报纸直接显现出的某些方面：吸引受众并从受众那里赚钱。不过，报业公司还面临着完全不为外人所见的一系列战略抉择，即是否将传统的出版基础设施替换为依赖于平台的基础设施。在这一章中，我们将这一过程称为基础设施整合（infrastructural integration）。在本书的语境中，平台基础设施指的是平台数据库和网络，以及访问这些系统的网关、界面、工具和相关文档。总之，平台基础设施为文化生产者生产、分发、营销和（或）货币化文化内容提供了经济和物质

---

[1] https://advertising.theguardian.com/advertising. 除了广告收入，在2020年夏天，《卫报》还吸引了超过80万名付费订阅者。参见 https://www.theguardian.com/media/2020/apr/29/guardian-reports-surge-in-readers-support-over-past-year.

支持。

要理解为什么像《卫报》这样的新闻公司在基础设施整合方面的决策如此艰难,我们有必要认识到,在20世纪的大部分时间里,报业出版商一直控制着各自的分发渠道。当然,并不是每一家报纸都是完全自主的,但主要的报业出版商都拥有自己的造纸厂、印刷机和运输车辆(Stamm,2018)。换句话说,它们拥有并经营着专门用于印刷和投递日报的实体出版基础设施。不过,从20世纪80年代开始,随着受众开始涌向数字媒体获取新闻,实体传播即便不是多余的,其必要性也大幅下降了。报纸渐渐必须考虑如何、何时以及在何地发布其内容,同时,在生产和分发方面,它们也必须进行数字化改造(Nielsen,2019)。除此之外,为了保持竞争力,新闻内容必须一天24小时都能访问、用户的参与需求必须被持续关注,为了实现更多的点击、留存和最终的变现,阅读体验也必须不断优化(Christin,2020;Petre,2018)。

《卫报》似乎能够从容应对这些新的基础设施需求。正如前设备总监格雷厄姆·塔克利(Graham Tackley)所解释的那样,该网站及其所有相关软件最初都是在内部托管的[①]。这一战略在2012年发生了变化,出版商开始将其数字运营的两个重要部分——内容托管和数据分析——转移到"云储存"上。塔克利选择的平台是亚马逊网络服务(Amazon Web Services),这是一个用于远程计算、存储、分析,以及按需提供其他服务的云平台。虽然《卫报》决定将其出版业务的重要部分外包,这看起来像是放弃了控制权,不过,此举使塔克利的团队成员能够在大幅削减成本的同时,大规

[①] https://aws.amazon.com/solutions/case-studies/guardian/.

模运营数字出版基础设施。对于新闻出版商来说，想要拥有和运营承载吉字节数据、处理太字节流量和运行复杂数据分析的服务器，所涉费用可能是惊人的。除此之外，此类服务必须快速、安全、可靠，并且能够轻松跨越区域边界。在此意义上，亚马逊网络服务对《卫报》关键的基础设施需求作出了回应。《卫报》在这方面绝不是独一无二的。世界各地的新闻机构［例如新闻集团（New Corp）、环球邮报（Globe and Mail）、萨诺玛传媒集团（Sanoma）和印度教徒出版集团（Hindu Group）］也采取了类似的策略，将出版业务的关键部分外包给亚马逊、谷歌和微软等"把基础设施作为服务项目"的公司（Arsenault，2017）。这样做之后，新闻机构在基础设施层面变得更加依赖于平台。

这种依赖既是权变性的，也是相关联的。例如，亚马逊不能直接干涉《卫报》的编辑政策。与互联网服务提供商和网站所有者的关系类似，亚马逊网络服务并不直接控制其服务器上托管的内容[①]。那么，如果亚马逊网络服务不直接干预文化生产的过程，我们又为什么需要严肃对待平台基础设施这一问题呢？在这一章中，我们将展示基础设施整合如何成为平台依赖型文化生产的一个核心的制度性维度。我们认为，尽管基础设施往往是不可见的，但它却恰恰位于平台市场（上一章的主题）和平台治理（下一章的主题）的交点。因此，在平台依赖型文化生产这一背景下，系统、网络和工具被转化为硬件、软件以及相关的协议和实践，让连接建立、交易发生、规则生效。对于《卫报》来说，这意味着

---

① 当然，对于那些违反服务条款（例如储存了非法材料）的用户，亚马逊网络服务保留了封禁他们账号的权力。

与亚马逊网络服务在软件、硬件、数据库和工具层面进行整合。正是在亚马逊网络服务通过设计和架构标准搭建的物质层面上，平台形塑着文化生产。

基础设施整合

对于一些文化生产者——比如《卫报》执行团队的成员来说，基础设施问题是他们需要持续考虑的因素。对于其他一些文化生产者——例如 TikTok 上的创作者来说，平台基础设施却很少是他们考虑的重点。不过，平台基础设施对两者的生产实践都产生了深远的影响。考虑到 TikTok 的母公司——字节跳动在中国，很多专家和政策制定者都对该应用在青少年中的广泛流行持谨慎态度（Jia & Nieborg，2021）。2020 年，印度（TikTok 较大的市场之一）对该平台实施禁令，进一步放大了这种焦虑。这种"基础设施视角"，也就是对应用程序和平台后台运行的物质结构的兴趣（Parks，2015：363），与那些关于诞生于硅谷的平台的讨论相比，具有一种不同的紧迫性。特别是美国和印度的政策制定者，即便他们没有把敌意直接摆上桌面，实际上也的确以惊人的速度调查了 TikTok。

虽然全球媒体基础设施的地缘政治直接影响着内容的流通方式，不过，这类对话可能听起来与个体的文化生产者并没有什么关系（Chen et al.，2021；Kaye et al.，2021）。在 TikTok 的案例中，创作者很容易将基础设施视为理所当然的事情：内容连续上传是常态，干扰或中断才罕见。更重要的是，即便有关于潜在内容发布障碍的公共讨论，也是围绕平台治理来进行的。我们将在下一章讨论这个问题。更广泛地讲，只有当相关服务崩溃时，用户才会注意到那些帮助平台运转的物质结构（Star，1999）。对于TikTok的创作者来说，可访问性（accessibility）也是理所当然的事情，他们可以通过软件开发工具包，免费使用该平台的开发和货币化工具。通过点击应用程序主屏幕上的"加号"，创作者就可以上传现有的视频或拍摄新的视频。虽然用户可以上传现有资料（如照片、视频、音乐），但TikTok显然将用户推向了其原生创作和分发的基础设施。接下来，创作者为了吸引观众，还可以从一系列内置编辑功能中进行选择，其中包括滤镜、贴纸和音乐片段。

与此同时，对于游戏开发者来说，平台原生工具也不是什么新鲜事（Foxman，2019；Nicoll & Keogh，2019）。相反，游戏行业的开发商很早就明白，软件套装、编程语言和分发框架都是由平台运营商设定的，或者至少是被平台运营商严格控制的（Montfort & Bogost，2009）。例如，要开发一款PlayStation游戏，工作室需要向索尼申请获取并使用昂贵的专用开发工具包——或者用行业术语来说，这叫作"devkits"（Kerr，2017）。任天堂和微软以同样的逻辑搭建游戏平台。尽管游戏开发商可以使用第三方工具或"游戏引擎"（game engines）来创建虚拟环境，不过，软件分发则需要官方认可的机器来编译和测试其软件。也就是说，游戏开发商在传统上一直遵循着平台原生的生产策略。长期以来，该策略提升了游戏硬件制造商的地位。这些硬件制造商可以决定在哪里、由谁、为了谁制作哪些游戏（Johns，2006）。

应用商店的出现进一步将游戏的生产、分发、营销和货币化整合进平台基础设施之中（Gerlitz, Helmond, Nieborg, et al., 2019；Zhao，2019）。手机游戏主要是通过苹果、谷歌、三星和亚马逊运营的全球性应用商店，以及腾讯、Line和华为等更具区域针对性的应用商店来获取（Steinberg，2019）。当游戏开发商想要推广最新的应用程序时——这种广告实践被称为"用户获取"（user acquisition）——他们会通过在其他应用程序中投放广告来瞄准玩家。这种投放确保了数据是通过谷歌和脸书的广告工具和目标受众定位技术，以及成千上万的数据合作伙伴来进行传输（Nieborg，2017）。同样，支付基础设施也完全整合到移动设备中。因此，尽管游戏应用程序生产中的某些方面可以独立于平台进行，但游戏应用程序的整个分发—营销—货币化阶段都发生在移动平台生态系统的边界之内。

这种基础设施的高度整合对游戏应用程序产生的经济影响是巨大的。应用商店其实提供了一个很好的机会，让我们得以深入观察平台依赖型机构所面临的核心矛盾——一方面是这些机构在访问和机会层面对于平台的依赖，另一方面则是这些机构面临的不对称性和不稳定性。就前一点而言，相比于游戏机或零售店，应用商店是更容易获得的分发渠道。这种可访问性会导致一个重要结果，即用户可以挑选的游戏应用程序数量显著增加。不过，尽管更大的市场意味着更具潜力的经济机会，但现实情况却是，应用商店已经将游戏应用程序经济重塑为赢者通吃的经济（Bresnahan et al.，2014；Nieborg，Young，Joseph，2020；Rietveld et al.，2020）。无论人们使用哪种指标来评估游戏应用的表现——下载量、收入或平均月活用户——都是被少数赢家掌握着。因此，我们可以得出一项结论：应用商店在缓解游戏劳动的不稳定性特质方面，其实所做甚少。

总之，不管是我们最初提到的《卫报》案例，还是TikTok和游戏应用程序，都表明平台基础设施应该成为文化产业研究者关注的一个重要领域。当平台公司的规模、野心和网络结构进一步模糊了基础设施和平台之间的区别，这一问题也就变得更加紧迫（Constantinides et al., 2018）。让-克里斯多夫·普兰廷（Jean-Christophe Plantin）和他的同事们在进行平台研究时曾准确地指出："数字技术已经使基础设施的'平台化'和平台的'基础设施化'成为可能。"（2018：295）

贯穿本书前半部分的一个关键论点是：一个平台的经济运营（也就是平台整合连接和交易的条件）与其基础设施运营和治理框架密切相关。用互联网研究学者安妮·赫尔蒙德和费尔南多·范·德·弗利斯特（Fernando van der Vlist）的话说，互补者既分布在"平台的不同方面（即 multi-sidedness，多面性）"，也分布在"平台的不同架构层次（即 multi-layeredness，多层次性）"（2019：10）。为了进一步在制度维度探索平台化，本章将会特别关注文化生产、分发、营销和货币化阶段的基础设施整合。首先，我们需要考察与文化生产相关的新旧基础设施的独特属性。在这里，我们强调了两个重点。其一，我们需要考虑到基础设施的关系性。换句话讲，就是它在其他网络或系统中的整合或嵌套。聚焦关系性可以提高我们分析制度性关系时的精确性，同时还可以理解公共、私有、传统和平台基础设施之间的差异。其二，鉴于我们对基础设施权力表现形式的首要关切，我们需要质询基础设施可访问性和控制问题。后一个问题还会引发关于开放性、所有权和"生成性"（generativity）概念的讨论——在法律和商业学者中，"生成性"一词已经获得了很高的接受度。

平台与基础设施化

要全面考察平台化的基础设施维度，我们首先需要了解平台所嵌入的更广泛的基础设施环境。平台公司与周边组织的关系——包括与文化、消费电子产品和电信行业的关系——不仅充满了竞争与合作，还具有逐步的基础设施整合和互操作性（interoperability）的特征。这些概念指向了一定程度的形式化和标准化，让系统、服务和数据库"相互'对话'，并实现了跨域、跨平台的数据共享"（Bechmann，2013：75）。例如，在 iPhone 推出时，苹果不仅与美国电信服务提供商 AT&T 签订了独家协议，还确保其设备与 AT&T 使用的全球移动通信系统（GSM）无线电通信标准兼容。

为了理解平台生态系统内各种行业组织的制度性关系，基础设施首先应被理解为"关系概念"（relational concept）（Star & Ruhleder，1996）。这一观点强调了基础设施在"其他结构、社会安排和技术"中的嵌入性（Star，1999：381）。这些结构和技术中既有物理的、物质的维度，也包括无形的、非物质的维度。前者通常包括硬件，或分布广泛的基础设施物质网络。例如，亚马逊拥有和运营的数据仓库中的计算机服务器；后者指的是软件的作用，其中不仅包括计算机上运行的软件，还包括社会实践、约定和成文的指令（例如标准和协议）。在亚马逊网络服务中，非物质层面包括服务条款和指导《卫报》工程师如何部署亚马逊网络服务服务器的专业文档。总之，硬件和软件是一个硬币的两面，在发挥功能时彼此依赖。

基础设施的嵌入性也揭示了它们如何深深蕴藏在权力关系之

中（Parks & Starosielski，2015：11）。本书作者便持有对这种关系性的理解，即权力结构和关系产生于平台公司、文化生产者和终端用户之间的彼此依赖之中。正是这种依赖性使得基础设施更加显现。当我们考察公用事业（如饮用水和电力）等公共服务的基础设施时，一个试金石是看看当它们不起作用时会发生什么。如果基础设施出现故障，甚至只是轻微的中断，例如停电或水泵故障，都会使基础设施的整合情况更加明显。我们也可以用平台生态系统一词来理解嵌入性概念。近年来，亚马逊网络服务多次遇到宕机的麻烦，其后果是成千上万的报纸、播客公司和游戏应用程序突然无法访问。因为亚马逊这样的平台公司已经在互联网经济中确立了至关重要的地位，一些学者认为，它们应该受到更严格的反垄断监管，或者应该复制公用事业监管方式（Hindman，2018；Khan，2018）[①]。一旦采取这种措施，政府就会颁布类似于电信行业的监管框架，例如确保网络中立性的公共承运人条例（common carrier rules）——也就是数据传输中的非歧视原则，抑或是确保网络接入的规定（Noam，2001）。

嵌入性也使我们进一步思考所有权问题。身处平台依赖型文化生产的腹地企业是营利性的，这一事实意义重大。因为与国家、（地方）政府或数字共享空间（如开源软件）所有的公共或半公共基础设施相比，商业平台在开放性、所有权和市场导向方面存在根本差异。几十年来，文化生产者一直身处这些私人和公共的基础设施中。不过，文化生产者与公司拥有和运营的平台基础设施整合得越充分，这种平衡就会越倾向于公司拥有的网络和系统。

[①] 一种反对将亚马逊网络服务这样的平台视为一种实体的观点认为，与电力和水利不同，这里面切实存在竞争者。

互联网是公共网络（通信网）的一个重要例子，它无处不在、可共同操作、去中心化，而且以生成性著称——这意味着它的硬件和软件几乎对任何想在其中提供产品或服务的人都是开放的（Jamieson，2020）。"生成性"从理论上讲是"一个系统受到广泛且多样的受众的未经过滤的贡献，而产生意外变化的能力"（Zittrain，2008：19）。这正是由于互联网配备了开放标准，不管是市场的（或"工业的"）还是非市场的［或"共同的大众生产"（peer production）］（Benkler，2006）。后一套做法标志着人们已经从使用和生产专有资源（例如受版权保护、专利保护和已注册商标的资源），转向了公开共享的非专有内容。就所有权而言，平台本身也可以是公共的：思考一下维基百科，还有 Moodle 或 WordPress 等内容管理系统。可以这样说，非平台专有的基础设施更有可能使非市场的、公共的文化生产形式成为可能。尽管如此，正如马修·辛德曼（Matthew Hindman）所说："现实世界中，内容的大众生产总是无法与传统的企业模式抗衡。"（2018：170）

认识到非市场替代品的存在，并不意味着 Instagram、YouTube 和 TikTok 等平台子公司没有生成性。这里的关键点是，公司所有权让平台可以集中控制对于平台市场、平台数据、平台工具、界面和开发人员文档的访问。因此，基础设施整合将文化生产在关键方面的控制权交付给了平台公司。如果我们将这一点与生成性的定义联系起来，那么，平台公司实施控制的一种方式，便是"过滤"。虽然社交媒体平台是开放互联网的一部分，也建立在公共性工具和系统的基础之上并与之整合，但社交媒体平台"承诺将通过提供更好的信息和社交体验——策展、组织、存档和审核——来超越它"（Gillespie，2018：13）。终端用户可以明显看到这些内容审核的实例。不过，在本章中，我们感兴趣的是"过滤"如何影响了文化生产者的贡献。这是由平台公司拥有和运作的标准、网络、系统和工具所形塑的，往往不太明显。

经过二十年对互联网的批判性研究，数字基础设施平台化深刻的政治经济利益变得越来越清晰。不可否认，平台公司的增长挤走了开放（源）或公共替代品（Denardis，2012；van Dijck et al.，2018）。尽管如此，我们并不认为平台公司目前在基础设施方面占据主导地位。

正如政治经济学家德韦恩·温塞克（Dwayne Winseck）（2017）所指出的，我们必须衡量平台公司以及其他机构参与者的崛起，这些机构塑造和构建了互联网连接的物质方面。例如，脸书、谷歌和亚马逊在互联网接入方面投入了大量资金，它们收购了光缆股权，并在世界各地建设数据中心。不过，现有的带宽批发商和电信运营商——例如沃达丰（Vodafone）、西班牙电信（Telefonica）和中国移动（China Mobile）——的投资和股权同样重要，甚至更重要。以及，公共和私人基础设施建设在不同地区的表现大不相同。

平台作为基于组件的数据基础设施

正如我们在本章中所一直讨论的那样，对基础设施的考察之所以复杂，是因为它们不可见。物理系统和数字网络总是只有部分可见（Parks & Starosielski，2015；Star & Ruhleder，1996）。这绝不是 21 世纪独有的问题。如果我们去考察电力系统，可以从电源插座和电缆开始。不过，电力网的大部分——家庭和办公室供电所需的重要硬件和软件——都隐藏在人们的视线之外。部分可见性的概念在基础设施研究中提出了一个重要的方法论挑战：我们该从哪里开始分析，又该重点关注什么？也就是说，哪些"基础设施对象"（infrastructural objects）会让基础设施更加清晰易辨（想想邮件分拣机、电线杆和卫星天线）（Parks，2015）？

对于文化生产者来说，创造文化商品的特定基础设施条件对其生产、分发、营销和货币化都有很大影响。当然，文化生产者并不需要一直适应亚马逊、字节跳动或脸书数据仓库中的服务器配置。他们必须考虑的，是对一系列基础设施对象子集的访问，也就是我们所称的"网关"，其中包括终端用户通常看不见的设备、接口和装置。网关允许第三方整合进一个网络或系统之中（Plantin et al.，2018）。在平台生态系统中，这样的网关是数据接口（应用程序编程接口，API）、工具（软件开发工具包，SDK）及其相关文档。网关开放或封闭的程度、波及的范围，都是一个政治议题，也会导致一系列引人瞩目的具体问题。网关的拥有者是谁？标准制定者是谁？位于哪里？对我们的研究而言，尤其重要的是：如何访问网关？

为了理解基础设施对象和网关，我们搜索了信息系统研究和平台研究的最新成果。随着平台经济的兴起，这两种研究传统都发生了所谓的"基础设施转向"（infrastructural turn）（Constantinides et al.，2018；Plantin & Punathambekar，2019）。这些研究传统承认，平台并不能被仅仅等同于网站或应用程序。相反，它们是基于组件化的数据基础设施（components-based data infrastructures）。这些基础设施放在一起，就构成了平台生态系统。在下一节中，我们将讨论这些生态系统的主要特征，以及它们如何塑造平台依赖型的文化生产。

平台实体与生态系统

从关系的角度出发，我们可以将平台基础设施分解，并反过来探索这些部分如何构建平台与文化生产者之间的关系。这样做的出发点是上一章中介绍的一个概念：平台生态系统。概括地说，在讨论平台市场时，我们认为平台公司——如谷歌——拥有并运营多个平台子公司。这些子公司中的每一个都为其母公司（如谷歌公司）的总收入做出贡献；如果是多部门公司的话，则是为控股公司的总收入做出贡献（如 Alphabet 控股）。此外，通过聚合不同的终端用户和互补者群体，每个子公司还会运营不同的多边市场（如谷歌搜索或 YouTube）。

为了区分平台生态系统的经济视角和基础设施视角，有必要认识到，每个平台子公司也是一个独特的社会技术系统或平台实体（platform instance）（Nieborg & Helmond，2019）。以脸书为例，它被通俗地称为社交网站，并在很短的时间内转型为移动优先的公司（mobile-first company）（Goggin，2014）。对于终端用户和文化生产者来说，脸书的应用程序已经变得越来越重要，也许比其网站更重要。此外，脸书的每一个流行应用——WhatsApp、Instagram 和 Messenger——都有独特的架构，并作为独立的衍生产品提供"整个平台的独特'视图'"，每个实体都提供"为不同用户群体量身定制的不同功能"（Nieborg & Helmond，2019：199）。因此，从基础设施的角度来看，脸书应被视为一个由多个平台实体组成的平台生态系统。这些实体又是更广泛的数据基础设施的一部分——无论是在物质意义上（例如，托管应用程序数据的脸书服务器位于相同的数据仓库中）还是在计算意义上（例如，广告客户可以进入"广告管理器"工具，只需点击一下，同一个广告就会出现在不同的脸书应用程序中）。

对于学者来说，平台实体的制度地位和独特性至关重要。原因有以下几个：首先，当我们考察文化生产者和其他互补者的基础设施整合时，这种关系性迫使我们更精确地找到自己确切的分析层次（exact level of analysis）。在绝大多数情况下，文化生产者都不是与平台整合，而是与平台实体整合。例如，虽然文化生产者可以与谷歌公司开展业务，但他们只能访问属于单个平台实体（如 YouTube、谷歌搜索或谷歌 Play 商店）的 API 和 SDK。事实上，每一种实体都需要不同的工具，涉及不同层次的整合，并服从于特定的监管框架。

其次，即使从属于同一家母公司，平台实体之间的制度性政治（institutional politics）也可能存在显著差异。当平台实体嵌入其他平台生态系统和更广泛的媒体和通信基础设施中，基础设施整合就会新增一层复杂性（Caplan & Gillespie，2020；Flensburg & Lai，2020）。作为一个应用程序，脸书 Messenger 既可以被视为一个平台实体，也可以被视为谷歌和苹果应用程序商店的互补者。对于通过 Messenger 分发内容和变现的文化生产者来说，这种基础设施的分层意味着，他们必须认真适应两种不同的治理框架，一种来自应用程序实体本身，另一种则来自苹果、谷歌和腾讯等公司运营的应用商店。

最后，平台实体在处于不同发展阶段时，也会出现实质性差异（Rietveld & Eggers，2018；Rietveld & Schilling，2020）。正如我们在上一章中所讨论的，一些平台或应用程序可能相对"成熟"，另一些则仍处于起步或"启动"阶段（Gawer，2020）。要在平台上开展业务，无论是生产文化内容还是将文化内容货币化，文化生产者都需要接入平台的基础设施。此外，根据平台发展的阶段不同，这些基础设施被认为更容易（或更不容易）访问、理解和发挥作用。

脸书Messenger的发展历程提供了一个令人信服的例子，它说明了平台实体的商业模式如何与其基础设施同步发展，除此之外，还说明了这一共同发展的过程如何对特定的文化生产者群体产生重大的经济影响。脸书在2008年推出了Messenger，作为其网站上一个简单的聊天功能。到2011年底，该公司将这个"聊天产品"开发成一个成熟的平台实体，也就是说，将它作为一个独立的手机应用程序发布。不过，这两个里程碑都并不意味着外部开发人员可以将他们的产品或服务整合进来。这种情况在2016年开始发生变化，脸书开始投入大量资源，围绕Messenger打造业务。例如，它推出了"即时游戏"（Instant Games）产品，允许第三方游戏开发商在Messenger中推出他们的产品。在这一阶段中，Messenger似乎为游戏开发人员提供了一个极具吸引力的机会。在上一章中，我们详细讨论过一个这样的开发商：游戏工作室星佳。然而，随着平台持续发展，Messenger也在不断前行。为了简化应用程序的界面，脸书在2019年决定从Messenger中删除即时游戏功能。与其他游戏开发商一起，星佳瞬间就被脸书踢出了这个应用程序。

可编程性和数据化

平台研究表明，平台实体显然是可编程的（Bodle，2011；

Helmond，2015；McKelvey，2011）。数字基础设施不仅被设计为可由他人扩展，"也因为它们能够在多个系统和设备上收集、存储和制造数字数据，这是它们与其他类型的基础设施的不同之处"（Constantinides et al.，2018：382）。换句话说，为了提高平台与其互补者之间的整合效率，数据需要持续、有效地流动。为了使平台实体可被访问，平台公司为互补者提供了标准化的访问接入点（access points）或 API。作为强制性网关，API 让组件之间的交互"形成了无缝的交互网络"（Plantin et al.，2018：303）。在实践中，这意味着开发人员可以设置程序化的（即自动的）超文本传输协议（HTTP）请求，"通过在后台服务器上检索数据的技术，从而不中断网页的显示和功能"（Bodle，2011：322）。例如，在脸书网站的社交游戏中，游戏开发商星佳使用脸书的社交图谱 API 来显示脸书托管的玩家信息。对于终端用户，这些数据流是不可见的，因为 API 提供了无缝的用户体验。

正如安妮·赫尔蒙德所说，一旦网站提供了 API，它就变成了"可编程的"（Helmond，2015），因此，也成了一个计算意义上的平台。赫尔蒙德将平台化描述为一种历史性转变，其中，社交网站转变为平台，从而成为"社交网络的主导基础设施和经济模式"（2015：1）。重要的是，"可编程性使平台能够扩展并嵌入到其他领域"（Helmond & van der Vlist，2019：17）。换句话讲，API 和 SDK 的存在，让平台可以扩展到其自身数据基础设施的边界之外（Blanke & Pybus，2020；Gerlitz & Helmond，2013）。例如，脸书和谷歌通过登录功能，提供了用户身份验证服务（许多游戏应用程序开发人员都使用这一功能）。除此之外，脸书还提供一系列"社交插件"，例如"评论插件""页面插件"或"分享按钮"，它们通常在新闻网站和应用程序上显示为分享或评论按钮。脸书免费为文化生产者提供这些功能，因为它们是互补者"分散数据生产"、平台"重新集中数据收集"的一种方法（Helmond，2015）。换句话说，这些类型的整合为平台提供了控制谁在什么条件下访问哪些数据的关键手段。在一项对移动应用生态系统的研究中，托拜厄斯·布兰克（Tobias Blanke）和珍妮弗·皮布斯（Jennifer Pybus）阐述了基础设施整合已经渗透到了何种程度：

> 即使我们登出谷歌和脸书的生态系统，我们仍然与它们保持永久连接，因为它们通过 SDK 提供的服务已经深入移动生态系统中。从技术整合的角度来看，平台化是对 SDK 服务进行分解和重组的永久过程（2020：11）。

两位研究者谈到的"分解"指的是将平台的 SDK 整合到互补者开发的应用程序中，接下来又采用与上述平台插件和登录服务同样的方式，进行分散式的数据生产。

为了实现整合并确保可访问性，平台的数据基础设施需要一定级别的稳定性、架构的标准化，以及技术层面的互操作性。对于那些竞相快速扩大规模的平台公司来说，开放标准不仅有可能吸引最广泛的文化生产者，还会通过制定明确的规则来降低交易成本。就文化生产者而言，他们必须具备相应的技能和素养，才可以应对主要平台的基础设施。例如，他们应该知道如何整合 SDK、如何访问 API、如何搭建数据、可以检索多少数据，以及多久可以检索一次。因此，平台就有必要制定明确的格式和标准[①]。

不过，在实践中，数据基础设施却并不稳定。平台边界的任何开放范围，充其量也都只是局部的。对于平台公司来说，API已成为平台控制访问的关键途径，用安雅·贝克曼（Bechmann, 2013：75）的话来讲，也是实施"内操作性"（intraoperability）而不是"互操作性"（interoperability）的关键途径。公共基础设施的特点是"互操作性"（Plantin et al., 2018：299），而商业平台API则在互补者和平台公司之间强化了不对等的基础设施关系。这些关系之所以不对等，是因为文化生产者除了同意平台公司制定的经济标准、基础设施标准和治理框架，几乎没有其他选择。更重要的是，在各个平台之间，这个标准的差异很大，因为平台公司往往运营着许多平台实体，每个平台实体都会提供各种API和SDK，这些API和SDK又仅仅提供对平台数据基础架构的预定部分的有限访问权限。SDK配置、API架构，以及相关的治理框架在不断变化，这又进一步模糊了这些不对称性。例如，脸书的API架构经常被重组、重命名，既有的API还会被突然弃用（Helmond et al., 2019）。因此，虽然平台数据和可编程性使文化生产者能够提供新的内容和服务，但他们无法不假思索地依赖这些资源。从基础设施的角度来看，这使得平台依赖型的文化生产天生就不稳定。

[①] 想要理解为什么基础设施需要一定程度的形式化，标准制定也是最清晰的例子之一。例如，电源插座有统一的设计来降低成本，API也是如此。反过来讲，统一的标准也让编码变得必要。兼容性的缺失、规则的不透明和持续改变的标准都注定会扰乱任何系统或网络的运行。那些跨洲旅行又忘记携带电源适配器的人可以作证。

边界资源

平台公司通过促成交易和分散数据生产来收集终端用户的数据。除此之外,它们还为文化生产者提供了重要的"创新功能"(Gawer, 2020)。正如商业学者迈克尔·雅各比德斯(Michael Jacobides)和他的同事对这些功能的解释,"技术的模块化允许一个系统中相互依赖的组件由不同的生产商生产,而且在生产过程中,生产商之间并不需要太多的协调"(2018:2260)。在文化生产领域中,这样的例子数不胜数。TikTok 和 Instagram 都不生产自己的内容,苹果或谷歌支付的开发人员也不会去开发具体的应用程序。相反,这些公司推动了"不可知产品"(product-agnostic)的创新。它们可以是游戏、导航应用或银行应用(Constantinides et al., 2018)[①]。从这个角度来看,平台依赖型"补充创新"的生产不是一个自上而下、预先计划的事,而是由理论上无限数量的互补者松散协调的行为(Constantinides et al., 2018)。这方面的例子是上传到字节跳动和 YouTube 服务器上的数百万视频片段——没有一个视频是由平台公司直接委托创作的。

在这里,值得重申的是,松散的协调并不一定意味着失去控制。要访问平台,互补者需要拥有的资源不仅包括 API 和 SDK,还需要借助监管框架(例如服务条款、手册、培训视频、辅助网络等)和辅助文档来理解这些资源(Gerlitz, Helmond, Nieborg et al., 2019)。这些边界资源可以被理解为平台的基础设施网关和相

[①] 和我们的很多例子一样,其中也会有例外。虽然具体的细节仍然是秘密,但那些被选为苹果订阅游戏服务 Apple Arcade 的游戏开发者要么是通过预付形式获得报酬,要么是在成为订阅服务的一部分之后获得报酬。

关的信息资源，它们能实现并控制与互补者的计算互动和制度互动。它们旨在支持互补者、为互补者提供资源，同时"保护"或控制他们（Ghazawneh & Henfridsson，2013）。

苹果的 iOS 生态系统说明了到底有多少边界资源可供互补者使用。为了提高应用程序的开发效率，苹果为开发人员提供了 Xcode[①]。这一整合开发环境（IDE）提供了一整套支持多种编程语言的工具（编辑器、编译器和其他工具），其中最主要的是苹果自己的 Swift 语言（Stratton，2020）。使用 Xcode 制作应用程序不是强制性的，不过，它的确简化了应用程序的设计工作，并且对 Mac 用户免费。Xcode 被整合进了苹果的 SDK（如 iOS SDK）之中，并具有可视化图形用户界面（GUI），因此，开发人员可以实时预览其代码的功能。最后，Xcode 中还包含了说明和指导，其中通过指南、模版和代码块阐明了苹果通过何种策略，一边为开发人员提供资源，另一边又对他们实施控制。特别是对于小公司和刚刚起步的文化生产者来说，苹果公司提供的边界资源大大降低了参与内容创作和分发的门槛。

同时，这个例子说明了边界资源中的教学成分。就像生产工具（如文本或图形编辑器）需要培训和说明一样，API 也需要一定程度的"数据基础设施素养"，因此，随之而来的便是"大量的开发人员文档、详细的查询格式（query formats），以及关于谁能够以何为成本访问哪些数据、访问多少数据的限制"（Gray et al.，2018：6）。因此，文化生产者与平台的基础设施整合便与劳动力问题密不可分。学习如何使用（新）工具或跟上不断变化的 API 架构是一项艰巨的任务（Jamieson，2020）。任何平台边界资源的微

---

① https://developer.apple.com/xcode/.

小变化都会对一个人的工作能力产生深远的影响。就像平台企业家所需的"算法素养"（algorithmic literacies）（Klawitter & Hargittai, 2018）一样，文化生产者也必须发展自己的基础设施素养。此外，与平台基础设施挂钩的不确定性水平也放大了平台依赖型劳动本身的不稳定特质——我们将在第五章更深入地探讨这一问题。

由于互补者不同的技术、文化和经济需求和动机，平台公司会在适应和抵制边界资源的变化之间反复交替——这一循环过程在理论上被称为"调试"（tuning）（Eaton et al., 2015）。例如，自从 Xcode 的第一个版本于 2003 年发布以来，后续版本提供了更多的功能并支持更多的苹果设备。这一调试过程不仅涉及平台公司和互补者，还涉及终端用户和各种外部利益相关者（例如政府）。如此多的社会行动者被放在一起，使得这一过程"同时且不可分割地具有了政治性和物质性"（Eaton et al., 2015：236）。

正如我们在下面进一步详细讨论的那样，边界资源"为理解平台的技术拓展提供了重要的切入点"（Nieborg & Helmond, 2019：203）。至关重要的是，这种理解不仅涉及 API 架构和 SDK 功能，还包括大量的开发人员文档、社区指南、编程语言和服务条款。所有这些都有助于平台依赖型文化生产的规范化（Helmond & van der Vlist, 2019）。总的来说，这些资源通过对基础设施的访问和整合进行编码和标准化，划定了平台边界。因此，它们为平台公司提供了治理交易和互动的决定性机制。

互补者的基础设施整合

前文考察了平台对于基础设施的操作和控制，这为我们提供了一个有用的背景,以评估文化生产者如何以及何时在基础设施层面将自己与平台进行整合。为了进一步考察这个问题,我们需要区分三个不同的阶段:(1)创作;(2)分发;(3)营销和货币化。在一些文化生产的场合,例如社交媒体的内容创作,这三个阶段是融合在一起的。在其他情况下,例如游戏开发,这三个阶段则更加独立。我们对这些阶段进行分解,目的是可以更好地完成分析。这种分解也让我们能够展示不同类型的文化生产者如何在生产过程的不同阶段,采取出不同的依赖形式。

创 作

互补者使用边界资源的方式产生了怎样的本质性变化?游戏行业的历史为此提供了重要的见解。在20世纪80年代早期,许多游戏制作者都是非营利的开发者——也就是一些在业余时间"鼓捣"一下的业余爱好者。在本特勒的"网络信息经济"(networked information economy)中谈过一个这样的例子(Benkler, 2006):那些在卧室编程的程序员在家用计算机上编写非专利性软件,并与朋友和其他爱好者免费分享他们的创作。在20世纪80年代中期,电子艺界(Electronic Arts)和动视(Activision)等发行商开始销售游戏程序的"构造套件"(construction sets),该套件标准化和简化了编程任务,从而有助于一个迅速形成的行业的制度化(Kirkpatrick, 2017)。这些构造套件不仅简化了游戏开发,而且还开始了"框定这些尝试的过程,也就是将他们的操作限制在一个预先设定的、应该允许用户做什么的观念中"(Kirkpatrick, 2017:24)。大约在同一时间,第一代专用游戏机——1977年推出的雅达利 VCs 和 1983 年推出的任天堂 NES，进一步框定了游戏开发过程。随着卧室被换成办公室，游戏机不再是游戏爱好者鼓弄的对象，这也促进了游戏开发和发行表面上的工业化（Montfort & Bogost, 2009）。

与构造套件的发行商相比，雅达利和任天堂有不同的经济激励机制。这两家公司是游戏行业中首先运营双边市场（连接发行商和玩家）的代表，它们通过出售平台上的游戏时收取会员（premium）费用（或某种税费）来赚钱。对于希望制作畅销游戏的游戏开发商来说，专用家用游戏机的出现既是一种福祉，也是一种诅咒。一方面，这些游戏机提供了统一的硬件，也连接了不断增长的玩家群体。另一方面，雅达利和任天堂的构造套件带有明显的保护机制。在经历了 20 世纪 80 年代早期粗制滥造的游戏泛滥后，特别是任天堂，在向谁开放游戏机的边界方面变得非常挑剔。事实上，当任天堂强制开发者使用自己的工具包，将其作为积极控制游戏质量的手段之一时，也招致了很多批评（Sheff, 1993）。很明显，"卧室编程"的时代基本上大势已去。到了 21 世纪 10 年代初，随着社交平台和移动游戏平台的出现，这种业余爱好者的做法才重新浮出水面。如今，我们称这些人为独立开发者或"日常游戏制作者"（Young, 2018）。

自 20 世纪 80 年代以来，游戏开发中资源和安全之间的平衡严重倾向于平台所有者。正如我们在本章前面提到的，那些渴望为任天堂、索尼或微软开发游戏的人必须首先直接从上述三家硬件制造商那里购买昂贵的私人设备（Kerr, 2017）。请注意，这些 SDK 通常又会与其他复杂且同样昂贵的开发工具进行整合，例如 Autodesk 的 3ds Max 建模软件和 Maya 的动画软件。这一历史轨迹的结果充满了戏剧性,到头来,是日益强大的游戏硬件在推动行业向前发展。因此,我们曾在其他地方提出过这样一个观点:在文化生产中,大型游戏制作已经成为资本密集型的实例之一(Nieborg,2021)。《侠盗猎车》(Grand Theft Auto)、《命运》(Destiny)和《战地》(Battlefield)等游戏的开发成本高达数千万美元,需要数百名开发人员为一个项目投入数年时间。

移动平台的兴起(即智能手机和平板电脑与应用商店的结合)在一定程度上使游戏制作回归到业余爱好者的手中。游戏制作放弃了对制作规模的强调,更加专注于为游戏开发者提供资源,这样一来,不那么正式和资本不那么密集的生产模式便成为可能(Keogh,2019)。事实上,移动游戏开发工具是基于软件的,因此也被认为更容易获得、更可以负担。在这方面,一个关键的行业发展是游戏引擎的激增。举个例子,Unity 软件套件便为游戏开发者提供了重要的软件,以及访问预制材料的途径,例如动画、角色皮肤和音频样本(Foxman,2019;Nicoll & Keogh,2019)。

我们可以从这个例子中得出的结论是,虽然 Unity 确实降低了游戏开发的门槛,但其软件又增加了与游戏平台基础设施的整合。这种整合是 Unity 流行的关键催化剂,它以一种极易嫁接到流行平台(例如专用游戏机和移动社交平台)的方式来推广自己的软件。从更广泛的意义来说,可访问的工具包提供了开放性,这些价值数十亿美元工具的开发商(如 Unity、微软、Adobe 和 Autodesk)也有自己的营利需求。我们可以在这个例子中看到二者之间不断的推拉。

从基础设施的角度来看,音乐和图书出版的历史路径与游戏开发截然不同。虽然这两种形式的文化生产都引入了各种数字工具——从文本编辑器到声音工程套件——但这些工具很少被整合进特定分发平台的基础设施之中。写一本书或一篇新闻文章本身并不是一种平台依赖型的生产实践。例如，一个微软 Word 文档在展示和分发时并不需要一个专属平台。并且，它也完全可以通过开源编辑软件（如 Apache OpenOffice）来访问。音乐文件亦是如此。当人们把音乐存为 MP3 格式文件时，是非常便于转移的。虽然 MP3 格式仍然是专有的，但它并不依赖于任何特定平台。因此，这两种独立于平台的开发模式的正式程度较低、需要的资金较少，当然也可以说，也带来了更高程度的创意自主权。

在基础设施整合方面，Instagram、TikTok 和 Snapchat 等应用程序提供的社交媒体娱乐同样有所不同。对于创作者来说，平台原生工具可访问性的普及标志着生产成本大幅下降。Instagram、TikTok 和 Snapchat 为终端用户和互补者提供了内置的高端编辑工具。虽然一些创作者（例如时尚界的意见领袖）可能仍然喜欢使用专业相机拍摄照片，但其他许多人选择使用应用程序和手机里的内置功能。鉴于在许多社交媒体内容类型（例如游戏相关作品、短剧和美妆视频）中，本真性占据了至关重要的位置，甚至可以说创作者没有什么动力去过度润色他们的作品（Duffy & Hund，2019）。特别是对于较晚出现的 TikTok 来说，相比字斟句酌的脚本、行云流水的编辑，速度和真实要重要得多（Galer，2020）。

当我们将社交媒体娱乐与传统行业（如音乐、图书或报纸发行）进行比较，便可以看出创作阶段的平台依赖程度要依情况而定。针对创作过程，一些平台提供了精细的或内置的边界资源，而另一些平台则没有。不过，当平台提供了开发工具时，它们通过实施基础设施控制（例如对 API 访问）、统一商业模型，顷刻之间便将文化生产正式化。在第六章中，我们会继续讨论基础设施整合对创意的影响。

分　发

在公共互联网早期的太平日子里，比尔·盖茨在微软网站上发表了一篇文章，宣称"内容为王"（Evans，2017）。如果是这样的话，那么，正如坎宁安和克雷格以及其他人所调侃的那样，分发就像巨猿金刚一样（Cunningham & Craig，2019：48）。事实上，正是在分发阶段，平台权力才变得明确起来。通过开放其基础设施边界，平台将内容聚合与分发嫁接在一起[①]。不过，当互补者将他们的分发基础设施与平台进行整合时，所发生的情况却因行业部门和公司而异。

我们可以通过考察播客的基础设施如何一步步走向平台依赖，来理解内容分发的转型。媒体学者约翰·苏利文记录了在2005年前后，播客内容的存储如何呈现出了分散的状态，它们要么位于个人服务器上，要么位于第三方托管服务上（John Sullivan，2019）。彼时，用户可以通过独立于平台的RSS源访问个人播客。这些标准化的、计算机可读的RSS源允许终端用户将播客"捕捉"或下载到他们的设备上。以今天的标准来看，收听播客所需的步骤的确非常烦琐。

2005年，苹果iTunes媒体播放器推出了新版本，这一版本

[①] 可以肯定的是，内容聚合并不等同于所有权。大部分通过平台流通的知识产权都并非被平台所委任、获取或持有，而是掌握在终端用户和互补者手中。当平台服务试图与传统出版商直接展开竞争的时候，例如当YouTube或脸书为了它们的增值服务（例如网上订阅）或推广新功能，会在特许或委任知识产权领域进行投资。此时，例外也会出现。

使查找和下载播客变得更加流畅，而苹果一经推出便大受欢迎的便携式媒体播放器iPod则是播客技术广泛传播的关键因素。不过，这样一来，内容存储的职责留给了播客制作者，一个截然不同的作坊式产业——播客托管服务——便如雨后春笋般涌现。新版iTunes还包含了另一个重要的变化：要在iTunes中加入RSS源，就需要播客保持其RSS源可公开访问。苹果不愿意为访问付费，也不想让终端用户付费——这一举动从根本上使订阅商业模式变得不可能（Sullivan，2019）。因此，播客要想将其内容货币化，就必须完全依赖广告驱动的商业模式。

苹果的决定符合业余爱好者、教育工作者和传统广播电台的利益。其中，广播电台在广告驱动的收入方面拥有数十年的经验。在美国，国家公共广播电台（NPR）和公共广播服务（PBS）等公共广播实体是所谓的"公共播客"的核心来源，这是一种以"事实驱使、故事驱动"的制作为标志的生态（Aufderheide et al.，2020：1685）。不过，苏利文警告说，由于这种形式的流行，以及它在经济上的活力，播客曾经开放、分散的基础设施可能很快就会结束。事实上，谷歌、Spotify、亚马逊和苹果等平台公司都在以各自的方式试图重新获得并集中控制播客的存储、搜索和货币化。与此同时，播客制作公司和托管网站要么选择推出自己的专用应用程序，要么选择将播客分发与音乐平台进行整合。Spotify一直在积极推行后一种战略。该公司利用其雄厚的财力扩大其播客服务。例如，据报道，Spotify为了与备受争议的美国喜剧演员乔·罗根（Joe Rogan）签署独家协议，支付了1亿美元（Weiss，2020）。

在分发阶段，基础设施平台整合的第二个例子是报纸新闻业。

在本章开篇部分，我们讨论了《卫报》将其数字发行业务与亚马逊网络服务进行整合的决定。他们的经济动机是明确的：亚马逊网络服务提供托管和计算基础设施，这些设施的规模和成本是《卫报》本身无法独自负担的。至少在理论上，这种内容分发形式不会直接侵犯《卫报》的编辑自主权。亚马逊或许能够撕毁《卫报》的合同，但它不能直接对具体新闻的分发施加影响。这与新闻分发的平台原生实体不同。自2015年以来，在收入和编辑自主权方面，那些直接托管在Twitter、Snapchat或脸书应用程序和网页上的新闻内容可谓好坏参半（Caplan & Boyd, 2018; Myllylahti, 2018; Rashidian et al., 2019）。例如，脸书的"即时文章"产品向终端用户承诺了快速和沉浸式的阅读体验。不过，通过笼络新闻内容，脸书制造了经济依赖，也导致了一种"基础设施俘获"（infrastructural capture）。在这种情况下，面对它们有意为之提供新闻内容的（平台）公司，新闻机构失去了编辑独立性（Nechushtai, 2018）。

与播客类似，移动游戏应用市场也从移动设备提供的分发基础设施中获得了巨大收益。正如我们在本章前面所讨论的，数字分发对游戏开发商来说是一把双刃剑。与实体分发系统相比，数字分发的效率使游戏发行商从沃尔玛、亚马逊、MediaMarkt和GameStop等强大零售商手中夺回了控制权。此外，游戏应用程序的分发如今主要控制在苹果、谷歌，以及中日韩三国的数十家应用商店运营商的手中（Steinberg, 2019; Zhao, 2019）。总的来说，这些例子揭示了平台依赖的代价：有时，这些代价是字面意义的（即财务上的盈利和亏损）；有时，这些代价是象征性的（即放弃了控制权）。

营销与货币化

最后，我们还需要考虑平台基础设施对营销和货币化的影响。可以说，这进一步集中和巩固了平台运营商的控制权。由于其商业模式的设计，平台公司处于文化产业数据化的前沿。正如贾汉·萨多夫斯基所说："就像我们期望企业是利润驱动的一样，我们现在也应该期望组织是数据驱动的。"（Sadowski，2019：1）我们在第二章提到，与实体市场相比，数字平台市场更加透明。当然，这首先是对平台运营商而言。不管是每一笔金融交易，还是终端用户的行为及其人口统计数据，都可以被跟踪、存储、分析和流通（Arsenault，2017）。对于那些想要通过定向广告进行内容营销，或是将其内容、客户关注货币化的文化生产者而言，这种精细的洞察可以提供重要的竞争优势。

另一方面，众所周知，平台并不愿意与文化生产者分享终端用户的数据。当文化生产者确实获得了"大"数据或"原始"数据时，这些数据很少能立即派上用场。到头来，数据还是需要被解析并变得可读。因此，整个"数据中间商"行业做好了准备，为文化生产者提供数据驱动的商业情报（Beer，2018；Helmond et al.，2019）。当这样的服务无法实现时，成千上万的"算法专家"便会出现，他们热衷于发掘、逆向推导和分享数据驱动的平台市场是如何运作的（Bishop，2020）。

平台的数据颗粒度（granularity）不断增加，有效处理大数据集也已成为文化生产者需要掌握的关键能力。例如，依靠 Spotify 提供的数据，艺术家们可以看到某一首歌曲被听了多长时间、哪些歌曲被跳过，以及哪些类型的歌曲才是流行趋势（Prey，2020）。

他们还可以与 Spotify 的 API 进行整合，了解单首歌曲和受欢迎的播放列表的结构（Prey，2016）。这些信息让音乐家可以参与到复杂的优化策略中，以增加他们的歌曲的知名度，或根据过去的趋势创建新的播放列表、歌曲或歌曲类型（Morris，2020）。不过，正如我们在第六章中所讨论的那样，这样的衡量方式可能会与创意成功的内在标志产生摩擦。

对于其他文化生产者来说，用户留存或参与是至关重要的标准。例如，一位 TikTok 创作者可能会生产出一段病毒式传播的视频，获得 800 万次观看。虽然这令人印象深刻，但这种短暂的成功并不足以建立一个可持续的生意。对于广告驱动的商业模式而言，让用户回到主页、渠道或创作者的"品牌"至关重要。因此，TikTok 的创作者很想知道什么是流行的模因，什么样的视频能引起终端用户的共鸣，以及哪些歌曲很受欢迎，可以用来制作一段视频。当数据驱动的洞察与用户数据相结合时，它会变得更具吸引力。虽然知道一个 TikTok 视频获得了多少赞，或者它被分享了多少次是有价值的，但更重要的是知道到底是谁在观看它。正如一位 TikTok 的创作者所解释的："因为我知道我的目标受众是谁，目前关注我的是哪群人，所以我才可以一直知道该怎么做。"（Duffy, Pinch et al.，2021）与实体市场不同，平台允许对终端用户的行为模式进行复杂的细节跟踪，这使得生产者能够进一步优化其营销和货币化策略（Crain，2019；Morris et al.，2021；Turow，2011）。

在移动游戏应用将其营销和货币化能力与平台进行基础设施整合后，这一行业发生了重大转变（Nieborg，2017；Whitson，2019）。不管是脸书推出社交游戏，还是应用商店成为移动游戏应用的分发渠道，都为游戏开发商提供了一系列崭新的商业模式。

免费增值商业模式已经成为移动游戏市场事实上的标准，它取代了会员定价或订阅模式。终端用户不需要预先付款，而是通过购买虚拟货币，或是为游戏角色从头到脚置办一套衣装，选择性地参与微交易。换句话说，最小的可货币化单元已经从内容模块（续作、扩展包或是可下载内容包）缩小到单独定价的游戏内物品或机件。这种转变之所以成为可能，是因为游戏开发商能够跟踪营销和货币化闭环中的每一个方面（Seufert，2014）。在苹果和谷歌的移动平台生态系统中发生了各种互动——从玩家在应用程序中接触到了一款新游戏的广告，到下载这个应用程序、玩这款游戏，再到参与游戏内交易。这些互动都是可追踪的。终端用户行为的某些方面（例如信用卡的消费信息或消费者的邮政编码）在前数字时代可能也是可追踪的，但追踪的范围、即时性和颗粒度不可同日而语。

由于免费游戏与平台数据基础设施的深度整合，这些游戏的开发商可以追踪、追溯和分析所有玩家。这使得他们能够创建复杂的受众画像，抑或是被脸书称为"鲸鱼"（高付费客户）或"连接者"（有许多鲸鱼朋友的玩家）的"相似受众"（lookalike audiences）。因此，要使免费增值商业模式有效，就必须依赖于一个高度精密的、复杂的、数据驱动的广告生态系统。正是在数字经济的主导平台公司中，这一系统得以实现。

结　论

为了加深我们对平台化的制度维度的理解，本章分析了市场关系的重组如何与平台基础设施的兴起相互交织。这些基础设施——无论是《卫报》对于发行基础设施的外包、免费增值游戏应用中对于广告技术的使用，还是 TikTok 创作者对平台原生工具的使用——部分取代了文化产业中的传统基础设施，也部分取代了公共性基础设施。在某些情况下，文化生产者在分发内容时，仍将能够从互联网分散、开放的特性中获益。在另一些情况下，他们则越来越依赖于平台公司专有的、集中式的系统、网络和工具。就参与文化生产的个体和组织而言，基础设施整合的程度和演进是很难衡量的。我们认为，对边界资源的出现和演进展开系统分析，应该是批判媒体研究者研究议程上的一个重要项目。

目前，我们必须明白，平台管理层怀有明确的基础设施野心，这些野心本质上与权力和控制有关。我们认为这是权变性的、关系性的，也是物质性的。话说回来，正因为它们还只是"野心"，这种控制还远称不上无所不能。数字分发继续依赖于电信行业运营了数十年之久的网络基础设施，这些基础设施又受到严格的监管，并以开放标准和协议为标志（Zittrain，2008）。本质上讲，平台公司已经在开放的互联网上建立了一个专有层。在这个专有层中，它们可以通过自己的数据基础设施，设置新的标准、管理流量和交易（Jordan，2020）。因为开放的互联网仍然提供了另一种选择，这也就意味着，人们仍然有足够的机会绕过或规避平台基础设施（Jamieson，2020）。

总之，从基础设施的角度考察平台依赖型的文化生产，需要我们更多关注基础设施平台化的核心问题：开放与封闭、控制与自主、集中与分散、可见与不可见，以及稳定与灵活。在许多情况下，保障或监管这些重要工具和服务的可访问性的，已经不再是国家或非营利组织，而是营利性公司。为了获得读者、听众、玩家和观众，文化生产者必须考虑平台基础设施的巨大影响，这些影响贯穿于文化内容和服务的生产、分发、营销和货币化的各个方面。正如许多案例所展现的那样，平台公司想要两全其美：占据市场主导地位，但不承担责任；建立无处不在的基础设施，但拒绝透明性。我们将在下一章继续讨论平台市场和基础设施的治理问题。

第四章
治理

引 言

　　2019 年初，科技新闻媒体 TechCrunch 报道称，脸书和谷歌都在滥用苹果的企业开发者计划（Developer Enterprise Program）（Constine，2019）。该计划允许公司直接为其员工安装内部应用程序，而不必通过苹果的 iOS 应用商店。不过，苹果并不知道的是，脸书和谷歌正在利用这个计划，绕过 iOS 应用商店，将分析网络流量的应用程序直接分发给终端用户，而不是自己的员工。这样一来，脸书和谷歌就可以绕过苹果严格的数据收集和用户隐私准则。通过"非官方渠道下载"（sideloading）应用程序，这些公司获得了"对设备所有流出数据的空前的访问权限"（Whittaker，2019）。为了吸引终端用户安装这些应用程序，脸书每月向他们支付 20 美元，谷歌则用礼品卡作为诱饵。在 TechCrunch 报道此事后，苹果迅速做出反应，撤销了两家公司的企业认证，理由是它们违反了苹果的开发者指南。苹果禁用了脸书和谷歌的员工专用应用程序套件，这破坏了两家公司的内部沟通，以及 iOS 应用程序的开发。在几个小时后，这两家公司就删除了违规的应用程序，苹果则恢复了它们的公司认证（Whittaker，2019）。

事实证明，远不仅是脸书和谷歌在滥用苹果的企业计划。TechCrunch 的进一步调查发现，数十个色情和赌博应用程序也在巧妙地利用现有公司的资质，进行着同样的行为。正是苹果应用商店对于提供"家庭友好"内容和服务的明确承诺，引发了这种绕行策略（Constine，2019）。其他各种媒体的调查甚至发现了数千个被禁止的 iOS 应用程序，从赌博和色情软件到盗版游戏，再到 Spotify 的无广告版本（Statt，2019）。正如科技新闻网站边缘（The Verge）所说："如今看来，违反苹果条款的秘密应用程序似乎已经形成了一整个地下市场，只要消费者知道从哪里找到这些程序，便可以使用它们。"（Statt，2019）。在这些报道之后，苹果公司发布了一份威胁性声明，警告"那些滥用我们的企业证书的开发者，他们的做法违反了苹果企业开发者计划协议，其认证将会被终止"（Statt，2019）。

这一事件并非没有前例。苹果公司长期以来一直试图控制平台互补者对应用程序的开发、分发、营销和货币化（Eaton et al., 2015; Gerlitz, Helmond, van der Vlist, et al., 2019）。同时，面对苹果声名狼藉的限制性治理框架，文化生产者（以及各种其他类型的应用程序开发者）采取了诸多战略性的应对方式，这也仅仅是其中一个代表（Bergvall-Kareborn & Howcroft, 2013; Gillespie, 2017）。自从 2007 年 iPhone 推出以来，这种治理和逃避的循环过程就已经成为平台与其互补者之间关系的一大特征（Goggin, 2009）。

通过边界资源进行治理

最初,苹果只允许第三方通过 Safari 移动网络浏览器提供 iPhone 应用程序。Safari 因此拥有了一个重要的开发者社区,因此也发挥了"边界资源"(boundary resource)的作用(Ghazawneh & Henfridsson, 2013)。正如前一章所讨论的,这些资源被理解为平台的基础设施网关(gateways),同时也为平台开启与控制与互补者之间的互动提供了相应的信息资源——无论这种互动是算法层面还是制度层面的。开放 iPhone 平台边界的决策使互补者能够向终端用户提供内容和服务,并将其应用程序纳入到 iOS 的基础架构之中。概括而言,除了具有经济和基础设施功能外,边界资源也因此构成了平台公司的关键治理工具。它们让苹果可以控制谁能得到 iPhone 开发者认证,以及开发什么样的内容和服务。至关重要的是,提供官方认可的资源使苹果能够阻止第三方应用程序在 iPhone 上运行。至少理想状态下是这样的。

在 iPhone 推出的最初几个月里,新闻公司和社交媒体平台,例如《纽约时报》、YouTube 和脸书,确实在认真开发基于 Safari 的 iPhone 应用程序。不过与此同时,一群黑客、学生和企业也开发了违反苹果条款的应用程序。在这种"未经批准的自筹资源"(self-resourcing)中,一个臭名昭著的尝试便是"越狱"(jailbreak)。这一做法取消了对安装第三方应用程序的限制(Ghazawneh & Henfridsson, 2013: 181)。几个月内,一个庞大的地下 iPhone 应用生态系统便被建立起来,出现了超过 160 万台越狱 iPhone 设备,非官方应用程序和替代性应用商店也迅速流行(Ghazawneh &

Henfridsson，2013：181）。

在以 Safari 为基础的治理战略失败之后，苹果改变了策略，为开发人员提供了一套新的边界资源，使第三方能够开发和分发原生应用程序（native apps）（Eaton et al.，2015）。2008 年，苹果发布了官方认可的 SDK，其中包括一个图形用户界面生成器、一个应用程序分析工具、一个 iPhone 模拟器工具，以及一组用于联网和文件访问的 API。2008 年 7 月，苹果打开了其应用程序商店的虚拟大门，这也成了唯一经过认证的应用程序分发渠道。这套新的平台边界通过将文化生产者和其他互补者的应用程序纳入 iOS 的基础设施之中，为他们提供支持。这也让苹果重新获得了治理权，并保护了其平台边界。

内容治理

为了控制谁可以分发哪些应用程序，苹果建立了严格的认证和审核程序。不过，苹果为了引导终端用户使用它认为是高质量的应用程序，也开始通过算法来管理应用程序在应用商店中的可见性，例如，应用商店中引入了热门列表，以及对文化产业至关重要的门类，其中包括游戏、杂志、报纸、生活方式、娱乐、儿童和音乐。通过向外界开放其平台并结合多种治理策略，苹果成为文化产业的核心守门人之一，2020 年中，苹果声称自己的"应用商店生态系统在 2019 年促成了超过 5000 亿美元的商业交易"（Apple，2020）。

正如上述对"家庭友好内容"的承诺所证明的那样，苹果的治理机制对平台生态系统中流通的内容有着深远的影响。2010 年，当时的首席执行官史蒂夫·乔布斯曾说过一句著名的话："我们坚信，让 iPhone 远离色情是我们的道德责任。那些想看色情片的人完全可以买一部安卓手机。"（Siegler，2010）根据这项政策，苹果公司拒绝了"报纸"（Newspapers）这个应用程序的第一版，因为该应用程序可以被用于访问全球 50 多家报纸的内容，而其中一些内容被认为是淫秽的。具体而言，这个应用程序可以访问英国小报《太阳报》，在它臭名昭著的"第三版"中，刊登了半裸女性的照片。在《太阳报》被移除后，"报纸"才被允许进入 iPhone。文化生产者早就发现苹果的政策前后矛盾到令人发指（Hestres，2013；Mosemghvdlishvili & Jansz，2013）。一个电子书应用程序被拒绝上架，因为它提供了对《爱经》（Kama Sutra）的访问，不过，《花花公子》和《体育画报》泳装特辑等其他成人主题的应用程序却获准保留在应用商店中。这个电子书应用程序后来在没有任何解释的情况下又被批准上架，这一事实进一步体现了苹果的前后矛盾——或许也可以说是虚伪。

苹果对政治争议内容的管理同样充满矛盾。一个臭名昭著的早期案例是苹果拒绝了马克·菲奥雷（Mark Fiore）的应用程序"新闻卡通"（NewsToons），因为这些讽刺漫画"嘲笑公众人物"（例如巴拉克·奥巴马），并涉及有争议的政治问题（例如美国政府动用酷刑）（McGann，2010）。2010 年，在菲奥雷的漫画获得普利策奖后，苹果公司改弦易辙，又允许这款应用上架了。随着时间的推移，苹果重新审视了一些内容政策限制，比如禁止讽刺公众人物的规定。不过，它继续以高度不平衡的方式——因此也是有争议的方式——去审查文化内容。

虽然苹果的应用程序商店可能因其严厉的监管而遭到非议，

我们也需要认识到，其实所有平台都在采取各种治理策略。从平台公司的角度来看，在开放和控制之间保持"最优"的平衡是治理互补者和终端用户的关键挑战之一。尽管"最优"是一个相对的词，我们还是选择用它来指称营利性平台创造理想的经济和基础设施条件、确保收入增长的具体战略性尝试。为了让这种平衡行为一直持续下去，平台公司不仅要适应竞争对手（例如媒体集团和其他平台公司）的战略，也要适应互补者和终端用户不断变化的特征和行为。此外，它们还需要在开展业务的地理区域中，遵守相应的法律框架，这一点我们在下一节中还会具体阐述。因此，平台决定了哪些文化生产者可以进入它们控制的市场和基础设施之中。

在此想要说明的是，平台治理并不仅仅是阻止特定应用程序的访问，虽然这是应用商店中经常发生的情况。除此之外，平台还需要努力对内容排序和分类，以及制定标准、指南和政策。在探索这些不断演变的治理策略时，我们特别强调文化生产者和数字领域内流通的内容所受到的影响。

平台治理

如之前两章所述，理解平台市场和基础设施的开发和运营，不能脱离塑造其运作和演变的治理系统。诚然，平台治理在文化生产和其他经济活动中发挥着至关重要的作用，这恰恰是因为平台已经建立了利润丰厚的市场，也成为文化产业所依赖的、无处不在的基础设施。因此，我们将治理概念化为平台化的第三个制度性维度。

一般来说，治理可以被定义为一种"制度性引导"（institutional

steering）（Just & Latzer，2017）。反过来，平台治理则包含了两种制度性引导，一个是对于平台的引导，另一个是被平台所引导（DeNardis & Hackl，2015；Gillespie，2018；Gorwa，2019a）。这两种治理形式深深交织在一起。对于平台的治理（governance of platforms）是指公共机构如何设定法律边界，来规范平台中的交流内容。与此同时，平台本身的治理（governance by platforms）则规定了内容的在线生产、分发、营销和货币化方式。这也在更普遍的意义上影响着公共空间的治理。

如果我们放眼世界各地，去考察这两种相互交织的治理模式，便可以发现各国政府在对待作为法律实体的平台时，其做法存在很大差异。一个重要的区别是平台是否需要对互补者和终端用户交流的内容负责。这一区别的基础是"主机–编辑二分法"（host-editor dichotomy）（Angelopoulos & Smet，2016；Helberger et al.，2018）。如果平台被视为主机，其所有者对传播的内容便仅承担有限责任。相反，如果平台被归类为编辑，那么，它们就需要承担法律责任。历史上看，诸如ATT、Verizon和NTT一类的电信公司一直被归类为主机，而诸如迪士尼和《纽约时报》一类的媒体公司则被认为是编辑。就平台而言，它们往往既不像电信服务那样开放，也不像媒体公司那样受到受限，如何对它们进行分类，还远未明确（Helberger et al.，2018；Napoli & Caplan，2017）。

在西方，尤其是在美国，立法者倾向于将平台视为主机而非编辑。1996年，美国国会为"交互式计算机服务"制定了所谓的"安全港"，也就是一项有限责任的法律条款。其中特别提到了互联网服务提供商和搜索引擎。作为一项更大的通信法案的修正案，美国《通信规范法》（US Communications Decency Act）第230条规定，只要中介将其自身服务限制为提供对互联网或第三方发布信息的访问，它们便不对自身以外的任何人提供的内容承担责任[①]。就像电话公司和互联网服务提供商一样，平台公司没有法律义务监管文化生产者或终端用户分享的内容。此外，塔尔顿·吉莱斯皮指出，第 230 条还规定了，如果这些中介确实修改了内容，他们并不会因此失去安全港的保护，也不会被重新归类为出版商（Gillespie, 2018: 30）。由于许多美国互联网公司在很大程度上被免除了与内容有关的任何责任，"共享时代"正式开启（John, 2016）。

正如 iOS 应用商店的案例中所展示的，平台公司充分利用了这些有利条款。事实上，苹果、谷歌和脸书等主要平台公司的要求往往比法律严格很多。正如我们在本书中所讨论的那样，当平台公司在开放和控制之间寻找微妙的平衡时，它们很少把文化生产者的利益放在首位。相反，它们主要关注的是增加受众和收入、保护自己的品牌、避免风险，例如承载争议内容导致的潜在责任。

版　权

互联网的中介虽然享有豁免权，但也有一个重要例外涉及受版权保护内容的传播。从《花花公子》（*Playboy*）到山达基教会（Church of Scientology），在商业互联网兴起之初，版权所有者便开始起诉终端用户分享受版权保护的图片、音乐和文档。几乎同时，互联网中介因为促成了这些内容的传播，也被版权所有

[①] 第 320 条规定：交互式计算机服务的提供者或使用者不被视为其他信息内容提供者所提供的任何信息的发布者或代言人。参见 https://www.law.cornell.edu/uscode/text/47/230.

者告上了法庭——其中既包括 Usenet 新闻组，也包括 Napster 和 LimeWire 这类点对点（P2P）文件共享软件。因此，正是在版权问题上，互联网中间商首先遭遇到了因第三方内容而引发的法律责任（Gillespie，2018：28；Rosenoer，1997）。不过，这些责任是"有条件的"：只要中介不知道受版权保护的内容通过其平台被共享，就不会被追究责任。只有在收到版权所有者的通知时，它们才需要删除违规内容。

鉴于互联网上内容的绝对数量，为了即时删除侵犯版权的内容，平台已经开发了自动化系统。最著名的例子是 YouTube 于 2007 年推出的内容识别系统（Content ID system），这一系统可以将上传到 YouTube 的视频与内容所有者登记的音视频文件进行比较（Burgess & Green，2018：48）。从文化生产者的角度来看，这类系统的好处是，他们可以通过在平台上分享的内容获取收入。不过，正如吉恩·伯吉斯（Jean Burgess）和乔苏亚·格林（Johsua Green）指出的，这类系统的坏处则是它们对民间创意（vernacular creativity）和粉丝参与产生了显著的寒蝉效应（chilling effects）（Burgess & Green，2018：5）。在实践中，这些系统则往往倾向于保护公司的知识产权，而不是个人的知识产权。

从国际角度来看，平台在美国享有的广泛豁免权是相当罕见的。吉莱斯皮的研究表明，在大多数欧洲和南美洲国家，平台都需要承担有条件的责任（Gillespie，2018）。与美国版权规则类似，"只要平台对非法或违规材料没有'实际了解'，也没有制作或发起这些内容"，平台对用户分享的内容便不承担责任。不过，与美国一样，当州或法院提出要求时，公司必须立即删除非法内容。在中国和中东国家，平台则需要承担一定形式的严格责任，这意味着平台必须主动删除被视为"非法"的内容（2018：33；另见 Hong & Jian，2019）。在这种法律制度下，平台可以被视为编辑，直接影响着文化生产者可以传播的内容种类（Wang & Lobato，2019）。

也许并不令人惊讶的是，这种平台治理的地理差异为文化生产者和其他互补者创造了一个复杂的局面。除了少数个例以外，美国的主要平台在世界各地也都占据主导地位。而且，正如我们在其他地方所指出的，"跨国平台公司倾向于为内容制定全球标准，而不是地方性标准"（Nieborg & Poell，2018：4285）。因此，对于拥有严格责任制度的国家，美国平台经常拒绝它们所提出的内容撤除请求。相应的，这些国家（例如土耳其、伊朗和沙特阿拉伯）则转而依靠本地的互联网服务提供商来屏蔽违规内容。在极其庞大且高度动态的社交媒体和内容分享平台上，屏蔽特定内容的表达是非常困难的。鉴于此，在很多情况下，整个平台便被封锁了。总之，尽管在美国，平台享有管理机构的广泛豁免权，但这些平台，以及通过它们分享内容的文化生产者们，还要继续在其他地方面对更为严格的制度。

平台自身治理的三种策略

虽然国家法律法规决定了平台需要在何种程度上进行治理，但最终决定其治理方式的仍旧是平台自身。为了应对互补者和终端用户群体构成的持续变化，平台公司也在不断调整其治理策略（Helmond et all.，2019；Rietveld et al.，2020）。在探讨这些平台本身的治理策略时，本章分析将其分为三大类：

1. 监管（Regulation），即制定标准、指南和政策。
2. 策展（Curation），即内容的分类和排序，也包括服务。
3. 审核（Moderation），即平台治理的执行。

监管为文化生产设置了正式的技术框架，而策展和审核则决定了文化产品的可获得性和可见性。

回到我们开头的例子，所有三种治理策略都可以在苹果应用商店中观察到。苹果公司通过提供一组不断演进的边界资源（例如 SDK、API，以及相关文档和说明），以及越来越详细的"应用商店审核指南"，主动监管那些通过应用商店分发的应用程序。反过来，苹果还通过给它认为有吸引力的个别应用程序提供支持，例如把它们放在"编辑精选"部分，来实现策展。最后，苹果的内部审核团队会对提交给商店的每个应用程序进行评估，确保应用程序在技术上兼容、在法律上合规，并且是"适当的"。这也可以被视为有关审核的一个案例。

如前所述，平台公司倾向于采用比法律要求更严格的标准，来治理文化生产者和终端用户。这似乎与硅谷投资者、记者和企业家所倡导的开放精神相矛盾（Marwick，2013，2017；van Dijck & Nieborg，2009；Turner，2010）。不过，平台绝不是一个中立的通道。相反，平台在内容的差异、优先和过滤中扮演着关键角色（van Dijck，2013）。在治理过程中，平台一边为文化生产者提供了新的机会，另一边则精确控制着互补者如何生产、分发、营销、货币化他们的内容和服务。本章通过考察这三项核心的治理策略，讨论了平台边界的开放程度，以及平台如何控制其经济规则和基础设施边界。其中，我们特别关注文化产业内部的权力与资源分配，以及它们如何剧烈影响着文化生产者之间的财富和可见性分配。在本章最后一节中，我们还会探讨文化生产者如何策略性地与平台治理展开周旋，以吸引终端用户，并最终产生收入。

监　管

平台监管涉及平台制定的标准、指南和政策。这些都是以书面形式编写的，并在操作中体现为对平台边界资源中架构标准的设定和维护（Eaton et al.，2015；Ghazawneh & Henfridsson，2013）。如前一章所述，这些资源包括一系列不断发展的 API、SDK、合作伙伴计划、授权、认证，以及各种各样指导互补者构建应用程序和提供服务的文档（Helmond et al.，2019）。总之，它们让文化生产者能够与平台相容。不过，与此同时，嵌入到这些资源中的标准、指南和政策也让平台公司对文化生产、分发、营销和货币化的组织方式施加了深远影响。

从平台所有者的角度来看，监管"涉及各种正式和非正式的控制机制"，以确保互补者的行动"与平台的最大利益保持一致"（Constantinides et al.，2018：384）。当然，互补者的最大利益有可能大不相同。正如本章最后一节将会讨论的，无论是有意还是无意，文化生产者都经常会忽视平台的规则、曲解平台的指南。在有关平台治理如何影响终端用户的研究中，监管往往被描述为二元的——允许或不允许。不过，在实践中，监管却具有很大的权变性（Duguay et al.，2020；Suzor，2018）。虽然平台公司有可能决定对非官方的、未经授权的边界资源采取宽容态度（Gerlitz，Helmond，van der Vlist et al.，2019），但切断对官方边界资源的访问权也是平台用来打击互补者的棍棒。

以 API 为例，它为文化生产者提供了对预定义数据集或数据流的访问渠道。这些基础设施网关起到控制机制的作用，通过设置规则来"管理与各种利益相关者、开发人员、客户和数据行业的关系"（Gray et al.，2018：6）。平台决定停止或"取消" API 的情况也经常发生，这可能会对互补者产生重大影响（Nieborg & Helmond，2019）。例如，2019 年 10 月，脸书宣布将 Instagram 的"基础权限" API 替换为"Instagram 基础显示" API。其中包括了改变文化生产者与平台交互方式的新规定（Facebook for Developers，2019）。脸书要求应用程序开发人员拥有一个脸书开发人员账户，才可以访问新的 API，这一举措让脸书可以审核开发人员的资质，并访问他们的作品。与苹果应用程序的审核流程类似，脸书对外部应用程序的审查准则也相当复杂[①]。这些指南为脸书提供了一整套工具来引导文化生产者朝着它认为合适的任何方向发展。脸书可以随时以任何理由取消或冻结一个脸书开发者账户，或者关闭 API 访问通道。

与此同时，SDK 允许文化生产者为平台创建应用程序，它们还为平台运营商提供设置和执行技术要求的工具要求，以及限制平台上适用的内容类型。有时，平台的设计要求是非常普通的（例如，在一个应用程序中使用某些图标、字体或颜色）。但在另一些情况下，它们又是艰深的，需要第三方开发人员投入时间和精力，例如学习新的编程语言（Stratton，2020）。与更改 API 类似，对 SDK 的调整可能会对文化生产者产生重大影响。

---

① 参见 https://developers.facebook.com/docs/apps/review#app-review.

为了确保互补者能够理解平台的结构、技术可供性和相关规定，API 和 SDK 通常被打包进"开发人员产品"之中。这些产品向开发人员强调了特定数据和功能的使用方式（例如脸书的"页面 API"和"实时视频 API"）（Helmond & van der Vlist，2019：16）。在这类产品之外，还会辅之以更柔性、间接的执行机制。例如，平台通过发放授权和认证，或者建立合作伙伴计划，来验证、确认或推广某些互补者，而不是其他互补者（Helmond et al.，2019）。比如苹果应用商店的企业开发者计划，再比如 YouTube 的授权和精心设计的合作伙伴和验证计划，都在区分不同类型的生产者。

正如罗宾·卡普兰指出的那样，平台将这些手段"作为区分来源的方法，通常又把这些努力包装成为对安全和可信性的考量"（Robyn Caplan，2020）。在实践中，它们加剧了不同类型文化生产者之间的不平等。例如，在新冠流行期间，YouTube 担心新冠肺炎引发的虚假信息，因此在货币化这一问题上，会优先考虑那些"新闻合作伙伴和完成了自我认证用户的视频"（Caplan，2020）。同样，在此期间，Twitter 使用个人资料验证作为突出权威来源的一种方式。通过这种方式，我们可以看到监管和策展是紧密交织在一起的。

总之，平台公司通过开发和不断修改平台的边界资源，并制定互补者必须遵守的标准、指南、政策和程序，来完成监管。监管的标准化使这些公司能够广泛控制平台依赖型的文化生产、分发、营销和货币化过程。换句话讲，它将基础设施权力转移给了平台。对于平台公司来说，设计和执行监管的主要挑战是在开放和控制之间取得最优平衡，既要吸引互补者的参与，也要让他们的活动与平台目标保持一致（Ghazawneh & Henfridsson，2013：

176）。平台所提供的开放程度深刻塑造了文化商品的内容和形式。接下来，让我们一起看看这在文化产业的不同领域中究竟是如何运作的。

监管文化产业

在数字游戏行业中，我们可以清楚地观察到平台监管如何触及文化生产的几乎所有方面（Kerr，2006，2017）。这是一个高度正式的行业细分市场，平台所有者则以铁腕姿态，控制其边界资源。在上一章中，我们提到了游戏行业的历史，这为其中严厉的监管政策执行提供了具有启发性的案例。一晃几十年过去了，在平台监管对开发人员的影响层面，我们看到了不同的，但仍相当深刻的案例。例如，苹果对其应用商店进行了一系列"结构性治理改革"，其中不仅包括测试未上架应用程序的新方法，也包括允许应用内购买和应用内广告的新功能（Rietveld et al.，2020）。后一个变化刺激了免费增值商业模式的流行，这从根本上改变了基于应用程序的游戏分发和货币化（Nieborg，2015；Paul，C. A.，2020；Whitson，2019）。当然，微交易和广告支持模式的游戏早在应用商店的监管变化之前就存在了。不过，iOS平台应用程序内的交易在执行、形式和编码层面的结构化，都确保了它在游戏开发者中被广泛采纳。

与此同时，对社交媒体内容创作的监管在表面上更加开放和宽松；内容也可能会在平台基础设施之外被生产和分发。不过在实践中，创作者与游戏开发商对平台却有着强烈的依赖。为了获得大量受众，创作者必须将其商业模式与以创作者为中心的平台相结合，例如 Instagram、YouTube、优酷、陌陌、Twitch、TikTok/抖音和微信。因此可以说，这些平台所设定的经济和基础设施标准塑造了这一产业的形态。

如果我们更仔细地考察这些标准，便可以看到平台特定的技术可供性如何塑造文化内容的形式和生产。例如，TikTok 视频的最大长度，从最初的六秒到十五秒，再到六十秒，这为整个创作者社区设置了创作参数。同样，Snap Originals（即 Snapchat 平台中一系列专业制作的短片视频）的垂直取向挑战了传统电影的制作惯例。Snapchat 的视频是正方形的，而不是像观看 YouTube 视频时那样，用户要把手机翻转九十度。这迫使其创作者"彻底重新考虑影片的导演和剪辑过程"（VanArendonk，2020）。我们可以思考一下各种不同的平台可供性——从直播和评论到图像格式、视频长度，以及可用的滤镜——它们既能促进也能限制特定形式的文化生产和传播。在本书的后半部分，我们将反思不断变化的平台可供性如何加剧了平台依赖型文化生产的不稳定性。

对创作者来说，除了商业模式和技术可供性，另一个关键点是社交媒体平台定义的限制性条款。正如吉莱斯皮所说，社交媒体平台的协议往往会禁止暴力、不和谐和淫秽的内容——尽管这些类别的判断很可能是主观的（Gillespie，2018：54；Roberts，2019）。平台似乎将监管重点放在"淫秽"之上，但它们监管"淫秽"内容的标准即便算不上彻头彻尾的虚伪，也经常出现前后不一致的情况（Tiidenberg & van der Nagel，2020）。一个特别著名的例子是《时代》杂志所命名的脸书"乳头之战"（War on Nipples）（Calhoun，2008）。记者艾达·卡尔霍恩（Ada Calhoun）注意到公众在脸书对女性身体惊人的不公平监管中表达了强烈反对，

并认为:

> 脸书与淫秽划清了界限。它删除了所有它认为淫秽的照片,包括那些完全暴露乳房的照片,该网站将其定义为"露出乳头或乳晕"。换句话说,低胸或细带比基尼是可以的,只要没有露出乳头。对裸胸照的清理始于去年夏天,这一行动既扫除了那些狂野的女孩,也影响到越来越多骄傲的母乳喂养者。当然,这也让后者非常愤怒。

最近,学者和创作者社区的成员们注意到了Twitch对"性内容"的定义存在问题。在评估该平台的社区指南、服务条款和其他政策文件时,伯尼·鲁博格认为,这些信息不仅"模糊、主观和矛盾",还会导致对女性和其他边缘化社群的歧视和偏见(Bonnie Ruberg,2020;Zolides,2020)。

与游戏行业和社交媒体娱乐业相比,平台监管对新闻行业的影响较小。不同于游戏,新闻可以在没有平台边界资源的情况下生产。埃弗拉特·内丘什泰指出:"新闻机构仍然主要依赖传统工具,如内幕消息、采访、新闻稿、财务报告、文件和学术研究。"(Efrat Nechushtai,2018:1051)与社交媒体娱乐业不同,新闻受众并不完全依赖于特定平台。与此同时,很明显,自21世纪初以来,新闻机构一直不断失去读者、观众,以及广告和订阅收入。虽然其中一些下降趋势比平台型公司的崛起来的更早(Winseck,2020),这一下降却是在平台新闻消费增长的背景下发生的(Gramlich,2019;Newman,2020)。因此,新闻机构希望通过平台重新获得受众和收入,也取得了不同程度的成功

(Myllylahti，2018）。当新闻机构和记者开始依赖平台边界资源时，平台监管的影响被最大化，进而影响到了内容的创作和分发。新闻行业特别感兴趣的是：（1）数据工具和 API；（2）本地内容的托管程序，例如脸书即时文章和谷歌的加速移动页面（Accelerated Mobile Pages）；（3）平台的条款声明。在这里，我们主要关注第一种类型。

Twitter 和脸书等大型社交媒体平台的 API 允许新闻机构查看特定新闻主题的实时趋势，以及洞察用户参与的状态（Poell & van Dijck，2014）。此外，平台还开发了数据分析工具，为记者提供对受众及其互动的深入了解。为了迎合记者，脸书开发了 Signal 这个"免费的探索和策展工具，供记者去寻找、收集和使用来自脸书和 Instagram 的有新闻价值的内容"（Welch，2015）。在第六章中，我们将会进一步讨论这种数据化实践与文化生产者的创作自主性之间的紧张关系。

基于制度理论，罗宾·卡普兰和戴安娜·博伊德认为，这些数据资源结合起来，引发了一种"模仿"（mimesis）过程。在这个过程中，通过借鉴网络中获得成功的实践，"主导性机构的激励或目标被嵌入到整个行业中"（Caplan & boyd，2018：7）。也就是说，平台依赖型的新闻生产不仅更多是数据驱动的，而且还受制于平台数据中嵌入的价值（Poell & van Dijck，2014）。正如我们在其他地方所观察到的：

> ［许多新闻机构］已经开始为平台用户提供源源不断的娱乐资讯和突发新闻，其中的形式包括视频、幻灯片、（实时）博客、清单帖（listicles）、测验，以及持续更新的 Twitter 和

脸书账号。他们还特别重视创作更多与生活、技术和体育相关的视频，因为这些内容被认为是增加社交媒体流量的助推器，也是它们原生广告收入的重要来源（*van Dijck et al.*，2018：67）。

因此，虽然在不同行业中，平台控制的程度存在显著差异，我们仍可以同时观察到，"与平台标准保持一致"成了一个更普遍的趋势。

策　展

平台治理的第二个关键模式是策展。所谓策展，就是对平台上的内容和服务进行分类和排序。泰娜·布赫认为，"可见性制度"塑造着平台环境（Bucher, 2012）。在这一背景之下，很多研究都在强调平台排名、排序以及文化内容的"可发现性"（Davis, 2017；McKelvey & Hunt, 2019；Morris & Powers, 2015）。虽然谷歌搜索是策展的一个典型案例，但文化产业中也包括很多其他例子，例如 Spotify 的播放列表，网飞的推荐系统，以及看似"高深莫测"的算法系统。正是这些系统形塑了 TikTok 创作者、Instagram 红人等群体的可见性。

当我们在考察排序的做法对可见性的重要程度时，我们可以大致把策展区分为编辑策展和算法策展（Bonini & Gandini, 2019）。编辑策展是由人完成的，编辑者基于文化规范和专业程序，在选择（文化）内容时做出自己的判断（Roberts, 2019；另见 Scolere & Humphreys, 2016）。从历史角度讲，编辑工作一直是受雇于或附属于文化机构的专家来完成的：记者决定发布或播放哪些新闻故事，博物馆策展人决定展出哪些艺术品，DJ决定播放什么唱片等。大多数平台，尤其是那些对文化生产至关重要的平台，都会雇佣编辑来凸显特定内容。不过，它们同时也越来越多地依赖算法，也就是"计算机执行给定任务所需遵循的编码指令"（Bucher，2018：2）。算法策展通过自动化系统对内容和互补者进行排序。通常，排名最高的内容或互补者会出现在用户的订阅信息、主页或启动界面（start screen）的顶部（Bucher，2012）。

正如批判性媒体学者所强调的，编辑策展和算法策展都植根于特定的规范和价值观。两者都涉及人的决策和选择。两者也都通过对于客观和中立的承诺，得到了合法化。这就产生了在新闻行业中清晰可见的矛盾。历史上，新闻生产一直受到新闻客观性理念的影响：记者承诺抛开个人信仰和偏见（Schudson & Anderson，2008）。不过，与任何类型的知识生产一样，新闻报道不可避免地受到特定价值观和利益的引导。

在基于平台的算法策展中，也可以观察到类似的紧张关系。吉莱斯皮指出，平台诉诸的客观性理想，依赖于"机器中立"（mechanical neutrality）的理念（Gillespie，2014：192）。算法策展被提出之后，它可能被认为是远离了人类干预。不过，在实践中，算法是"由人类操作员设计的，以自动化代理了人类的某些判断"（Gillespie，2014：192）。在批判性软件研究中，研究者表发现，自动化决策会频繁产生可被定性为充满偏见、歧视和问题的结果（Eubanks，2018；Noble，2018；Sandvig et al.，2014）。此外，平台公司开发编辑策展和算法策展来完成分类实践，这也与其资本主义商业逻辑是一致的（Couldry & Mejías，2019；van Dijck et al.，2018）。虽然经济利益不一定会必然导致算法偏见和歧视，但经济利益往往与涉及透明、责任、公平、社会文化多样性的价值观和规范并不一致。

文化生产者越是通过平台完成内容的分发和货币化,平台策展就越能影响内容和互补者的可见性。在 YouTube、Instagram、Spotify、微信等拥有"无限货架空间"的平台和应用程序上,一个普通的终端用户只能看到无限供应的文化内容中很小的一部分。当平台运营商设计并控制算法和编辑的选择过程,并将它们用于内容的组织中,平台化便带来了"策展权力"的集中化(Prey,2020;另见 Bonini & Gandini,2019;Bucher,2018)。虽然这一点已被广泛认可,但很少有人关注平台之间在策展方式上的差异。为了理解平台化如何重组文化领域中的可见性机制,考察这些差异便是很重要的工作。

从编辑策展到算法策展

探索平台的策展实践对文化产业至关重要。其中存在一个光谱,一边是主要进行编辑选择的平台,另一边则是主要依赖算法策展的平台。在编辑一端,我们可以用 iOS 应用商店作为案例。尽管该商店的搜索功能依赖于算法排序,但许多编辑策划的部分也成为其中最突出的特点。多年来,应用商店已经转向编辑策展策略,在很大程度上消除了算法填充的"热门"列表(Perez,2017)。这种做法符合苹果公司对应用商店严格监管的立场。正如本章导言中所讲的,苹果公司将应用商店设想为家庭友好型的空间(Hestres,2013)。通过编辑策展,苹果严密控制了哪些应用程序可以获得更多被看见的机会。例如,如果我们去看看不同应用商店内容的分类，苹果对游戏的倾向便会立即清晰起来。我们很难不注意到这一决定背后的经济动机，因为游戏产生了大部分与应用程序相关的收入。相较之下，苹果公司认为淫秽或政治上有争议的内容则被排除在应用商店之外，因为这与其家庭友好的品牌相悖。

沿着这个光谱向中间移动，会发现一些编辑策展和算法策展策略的有趣结合，Spotify便是其中一个案例。作为用户访问音乐的主要方式之一，创建播放列表便需要结合两种策略来策展歌曲和播客（Eriksson，2020）。尽管大多数播放列表都是通过算法管理的，例如"今日热门歌曲"或"你的2020热门歌曲"，但最受欢迎的播放列表却是由人编辑制作的（Aguiar & Waldfogel，2018：5）。因此，正如蒂齐亚诺·博尼尼（Tiziano Bonini）和亚历山德罗·甘迪尼（Gandidi，2019：4）所发现的那样，主流音乐流媒体平台会雇佣多达数百名编辑，他们中的许多人都曾在音乐行业工作，不管是音乐家、DJ、记者还是高管。博尼尼和甘迪尼带来的主要启发在于，编辑策展和算法策展不应被理解为相互对立，而是相互补充，因为它们都是由"一系列不为传统守门人所知的数据和分析"驱动的（2019：8）。可以肯定地说，播放列表作为编辑策展和算法策展的混合体，已经深刻影响了音乐产业的政治经济。如今，歌曲已经被完全分拆，将传统的专辑形式抛在身后，并将"策展权力"从艺术家和唱片公司手中，转移给了平台（Prey，2020）。

以Spotify为例。策展具有非常直接的经济影响：平均而言，如果一位音乐人的作品被列入"今日热门歌曲"，那么，这将为他提供2000万次播放，并"仅从Spotify就可以获得116397到162956美元的收入"（Aguiar & Waldfogel，2018：14）。歌曲在列表中的位置越靠前，这些效果就越明显。具有讽刺意味的是，虽然音乐流媒体最初的诞生标志着两项突破：其一是广播电台的现场感，其二是 DJ 完全控制了音乐编辑。不过，播放列表又将策展权力重新集中在音乐行业的大玩家手中。这更有利于大型唱片公司，而不是独立唱片公司，因为前者与平台拥有更长久、更良好的关系，以及更强的议价能力和更雄厚的财力（Eriksson，2020）。

相比之下，社交媒体的内容创作在很大程度上则是被算法策展所影响。或者更确切地说，如今的平台越来越依靠算法策展，其中一个突出的例子是 YouTube。正如吉恩·伯吉斯（Jen Burgess）和约书亚·格林（Joshua Green）所描述的，在 YouTube 创立之初，它主要通过"本地分类和标签系统"来整理上传的视频。这些系统"使上传者能够依据内容、主题和风格进行自主的描述和分类"（2018：16）。在过去的十年里，该平台越来越淡化分类这一排序逻辑。取而代之的则是它所推广的"搜索和个性化推荐"以及"公司策展频道"（company-curated channels）（2018：16）。这种转变让算法实时响应不断发展和分化的用户兴趣，反过来，又可以提高用户参与度，最终增加广告收入。在其他社交媒体平台上也可以观察到类似的算法配置。例如，TikTok 推荐算法中的个性化定制帮助它迅速晋升到"世界最强视频竞争者"之列（Galer，2020）。

当我们考察这些不同的平台策展模式如何重塑可见性机制时，便可以观察到，其中的算法转向让文化内容排序难以被破解。这也是研究者伯恩哈德·里德（Bernhard Rieder）、阿里亚德娜·马塔莫罗斯 – 费尔南德斯（Ariadna Matamoros-Fernández）和奥斯卡·克罗米那（Coromina，2018：63）得出的结论。他们调查了 YouTube 的排名算法机制，发现"浏览、点赞或评论数等基本变量与搜索结果之间几乎没有直接联系"。特别是随着算法推荐系统的不断发展,对于创作者来说,这会造成了一种"结构性不确定"(structural uncertainty)的局面(Arriagada & Ibáñez, 2020; Duffy, Pinch, et al., 2021)。我们将在第五章中进一步探讨所谓的"算法不稳定性"(algorithmic precarity),但在这里,重要的是,我们需要理解创作者对这种结构性不安全的共同反应。事实上,正如我们在本章最后部分所讨论的,他们会参与进集体知识建设,以及对"算法可见性的战略管理"之中(Bishop, 2019: 2589)。

在新闻行业中,获得算法可见性的努力尤其不稳定(Meese & Hurcombe, 2020)。当脸书想让新闻行业在其平台上推出更多视频时,新闻行业做出的反应可以被视为一个突出案例(Rein & Venturini, 2018)。2014年6月,脸书通过增加新闻机构原创视频在用户新闻推送中的可见性,并以此激励制作更多这内容。一项针对活跃在脸书上的美国新闻机构的研究发现,它们中的大多数确实大幅增加了对视频制作的投资(Tandoc & Maitra, 2018)。不过,专注于视频也意味着这些媒介机构会解雇记者,把职位留给视频制作人员(Madrigal & Meyer, 2018)。正如脸书提供的数据所显示的那样,最初,这似乎是一个精明的举动。不过,在接下来的几年里,事实证明脸书一直在疯狂夸大相关数据(例如视频内容的浏览量和参与度)。反过来,这又导致一些新闻机构重新转向传统报道,同时也解雇了他们几年前雇佣的视频制作人员(Madrigal & Meyer, 2018)。

总之,平台策展塑造了文化内容的制作、流通、分类和排序方式。我们一再强调,这种排序的做法并不意味着它与曾经的策展行为之间存在根本的断裂。如今,当我们谈及平台策展时,往往会倾向于聚焦到算法系统之上，虽然我们同意这种关注是值得的，但同时也不能忽视编辑选择持续的重要性。在治理方面，从复杂的推荐软件到人类行动者在报纸和广播电台中进行的编辑选择，策展实践都有一个类似的目标：增加受众、收入和可见性。如果说与过去有什么断裂的地方，那就是策展的权力越来越多地掌握在少数平台公司手中，而这些平台公司几乎没有透明性可言，也很少可以自证其编辑专业知识，它们更多时候又在逃避自己的编辑责任。过去几年中逐渐清晰的一个事实是：这种逃避行为导致了一系列民主问题，其中就包括了社会不平等的加剧。

审　核

第三种治理策略是审核，它建立在卡普兰和吉莱斯皮的研究基础上，我们将其定义为平台对内容和账户的预先筛选、拒绝、删除、隔离、禁止、降级或禁用（Caplan & Gillespie，2020）。平台可以进行事先的内容审核（即在内容发布之前，例如通过预先筛选和认证），也可以进行事后的内容审核（即在内容发布之后进行删除、封锁或禁止变现）（Boudreau & Hagiu，2009）。近几年来，内容审核的话题引起了媒体关注，其背景是一系列丑闻，诸如审核人员面对的潜在限制、平台监管"假新闻"的失败，以及审核的不公平本质——监视和审查机制往往会集中火力指向边缘社群（Newton，2020a；York & McSherry，2019）。

考虑到平台生态系统中分享内容的绝对规模，内容审核是极其复杂的，且需要大量人力（Gillespie，2018；Gorwa et al.，2020）。为了抵消将审核外包给工人所带来的高额成本（Roberts，2019），平台公司纷纷尝试采用自动化审核。当通过脸书、YouTube、TikTok和 Twitch 直播越来越受欢迎，这一转变就显得尤为紧迫了（Rein & Venturini，2018；Yaylor，2018）。当直播产生了新的内容类型和创意性实践，它的大规模和即时性结合在一起，便给平台运营商带来了一系列全新的挑战。

如果想禁止暴力内容、仇恨言论和虚假信息广泛传播，速度至关重要。这促使平台公司越来越多地依赖"算法审核"（algorithmic moderation）：基于匹配或预测来对用户生产内容进行分类的系统，导致了某种决策和治理后果（例如删除、地理屏蔽和封号）（Gorwa et al.，2020：3）。文化生产者面临的挑战之一便是，平台并不一定会关心究竟是谁在创作特定的内容，是终端用户还是文化生产者。虽然毫无疑问，平台需要部署自动化的审核，不过，对于这些系统的过度依赖可能会加剧那些早已困扰平台的审核问题：不透明、不公平、不平等，以及对言论政治的混淆（Gorwa et al.，2020）。

与平台的监管和策展一样，审核也在增加平台对文化生产的控制力。随着文化生产者和其他互补者调整其生产和分发策略，以适应平台的审核方式，这种影响也变得更加普遍。现在，让我们更详细地探讨一下平台审核对文化产业的影响和挑战。它们究竟如何影响着特定的细分行业？

审核文化产业

在游戏行业中，iOS 应用商店尤其吸引了研究者的注意，因为它的审核实践既严格，又前后矛盾（Bergvall-Kåreborn & Howcroft，

2013；Morris & Morris，2019）。正如我们在本章的引言所讲，苹果公司通过拒绝传播它认为淫秽的内容，来设定自己的道德边界。这一充满争议的决定引起了公众的强烈关注，不过，我们同时也应该认识到审核的必要性。显然，苹果有必要拒绝恶意、无用的、造成伤害或违法的应用程序。其中一些案例并不是显而易见的。例如，困扰游戏应用行业的一个问题是山寨（Katzenbach et al.，2016）。一个著名的例子是《笨鸟先飞》（Flappy Bird）。这是一款只需在屏幕上轻轻点击就能玩的游戏，并引发了大量的复制品。"克隆"游戏的问题在于，它让那些本就已经在竞争激烈的平台市场中挣扎求生的小游戏开发者，面临着更大的不稳定性。不过，仲裁这种形式的抄袭却比审核文本要困难得多。以《笨鸟先飞》为例，应用商店下架了标题中带有"Flappy"的游戏，但仍有数百个类似的游戏应用安然无恙。这个案例表明，平台审核涉及一个复杂的平衡。一方面，它不能干预过多；另一方面，它也不能干预过少。

在新闻领域也可以观察到这种平衡行为。在过去几年中，随着假信息的广泛激增，这一主题受到了学术界的大量关注。在这里，我们仅仅聚焦于其中的核心紧张关系（Benkler et al.，2018；Bennett & Livingston，2018；Marwick & Lewis，2017）。一方面，平台因未能充分应对虚假信息危机而受到指责（Vaidhyanathan，2018）；另一方面，平台又因过多干预新闻和信息的自由流动而受到批评。有一个案例很具有代表性：因为宣扬"战争恐怖"，脸书不断删除那张描绘越战期间儿童逃离汽油弹袭击的经典照片（Gillespie，2018；van Dijck et al.，2018）。从新闻行业的角度来看，这种类型的平台审核特别具有争议性，因为新闻业长期以来已经习惯了基于机构性职业标准的自治。

最后，我们转向社交媒体内容。鉴于其庞大、蔓延的特性，这种类型的内容是出了名的难以审核。例如，在国际层面，就有人对 Tik Tok 的审核机制提出异议。当然，其他社交媒体平台也面临着相应问题，比如对种族问题的解释。各种研究都表明，在脸书和 Twitter 等平台上，相比白人而言，黑人创作内容都更有可能被标记和审核（Angwin & Grassegger，2017；Lee，2020；Sap et al.，2019）。这些研究有力地证明了，支撑这些平台算法策展和审核系统的人工智能自然语言处理可能和人类一样，也会放大相通的偏见。我们迫切需要进一步研究面对这种偏见的解决方案。

总而言之，当探索跨越各个行业细分市场和地理区域的平台审核所带来的整体影响和挑战时，我们发现在创作者和文化领域之间，平台的阈限位置本质上充满了困难。当平台被定位在主机和编辑之间的某个范围时，它的审核必然是要么太多，要么不够。无论如何，政治争议都是逃不掉的。这并不是说平台公司应该免受批评。平台经常声称要通过审核保护它们的"社区"。不过在实践中，它们往往把重点放在安抚广告商上，而不是其他地方。因此，所有社会利益相关者都应该在平台审核的问题上拥有发言权（Helberger et al.，2018）。在经济、文化和政治层面，平台的出现都对文化生产者和公民造成了深远影响，因此，便不能让平台审核掌握在一小部分科技公司的经济利益之中。近年来出现的一些非正式提案都表明，在平台审核中应该更多强调协作责任，特别是在打击虚假信息和暴力极端主义方面（Gorwa，2019b）。理想情况下，这些提案将在今后几年内被进一步正式化，影响范围也会得到扩大。

驾驭平台治理

虽然我们已经讨论了三种不同的平台治理形式，但现实情况却更加复杂，因为这些模式——监管、策展、审核——经常重叠和交叉。此外，平台公司很少会进行单边治理，而是通过与文化生产者、广告商、其他互补者和终端用户的互动来形成这些决策（Jacobides et al., 2018）。换句话说，治理与其说是强加的，不如说是通过协商达成的。就文化生产者而言，他们对于平台治理的战略性应对，主要是通过适应其生产流程，但偶尔也会与平台就如何治理进行协商。这两种策略之间有一个关键的区别。当文化生产者选择适应平台的监管、策展和审核时，他们更多地将平台作为组织文化生产的核心。当互补者与平台协商时，他们会运用自身的主体性机制，有效地为如何展开治理而斗争。这一章的最后一部分将会讨论文化生产者如何在战略上定位自己与平台的关系，这一定位反过来又如何影响治理过程。

适 应

在平台依赖型的文化生产背景下，"适应"涉及根据平台治理框架进行的创作组织、分发、营销和/或货币化实践。这一策略在文化产业中以各种形式出现，这在一定程度上取决于文化生产者对平台依赖的相对程度。

游戏工作室适应平台的程度各有不同。考虑到我们之前对于游戏产业历史的描述，这并不奇怪。我们讨论了应用程序开发人员如何优化他们的玩家获取（即营销）策略，希望可以在应用商店的排行榜中获得更高的位置。有了第三方数据和广告中介，游戏工作室便有能力计算出"登顶"所需的确切价格，以及这个位置值不值这些投入（Nieborg，2017）。这些策略可以看作是游戏工作室复杂的、数据驱动的商业实践，也可以理解为平台治理在游戏行业的渗透。通过围绕平台数据进行组织操作，游戏工作室将它的分发和货币化基础设施与平台基础设施有效结合。在注意力高度饱和的市场中，数据驱动的广告活动揭示了每个文化生产者都是面临的巨大挑战：算法可见性。

在社交媒体的内容创作中，可见性尤其具有挑战。资金充足的游戏工作室经常会在获取商业情报和复杂的广告技术方面投入大量资金，即便没有上百万美元，也有几千美元。与之不同的是，个人创作者通常无法获得这些资源（Duffy，2017；Litt & Hargittai，2016）。像 Twitch、YouTube 和 Instagram 这样的平台会为个体创作者提供一些数据，比如点赞数和评论数。不过，他们通常不会透露市场层面的数据。因此，创作者会发现自己处于结构性的不确定中。面对不充足的数据，创作者和终端用户都会构建关于"算法如何工作"的心理模型。这些模型是一种"算法想象"，或是"思考算法是什么、应该是什么以及如何发挥作用的方法"（Bucher，2017：30）。

索菲·毕晓普（Bishop，2018，2019，2020）沿着这一思路，对 YouTube 用户开发的算法知识类型进行了广泛研究。通过对美妆博主的研究，她提出了"算法八卦"（algorithmic gossip）这一概念，意思是"与推荐算法相关的、在社群和社会层面流传的理论和策略"（2019：2589）。"八卦"一词抓住了这样一个事实：这些理论和策略往往通过即时通讯应用和封闭的脸书群组传播的（2019：2595）。接下来的问题便是，这些自下而上的知识生产和共享是会挑战平台治理，还是进一步巩固它。毕晓普认为答案是前者。她将算法八卦理解为对高度不平等的权力关系的"颠覆性"回应。我们对此表示认同，不过，我们也观察到这种八卦同时也增强了生产者的适应性。它促使创作者优化与算法策展相关的创作和分发策略，从而强化这种平台治理模式的逻辑（Morris，2020）。

在新闻行业中，我们也可以观察到这样的优化和适应模式。应该强调的是，受众数据的使用绝不是什么新现象。和其他类别的文化产业一样，20世纪的新闻行业也在变得更加被数据所驱动，这使得文化生产需要持续接受优化和成本收益计算（Napoli，2011）。平台监管和策展在实践中究竟会对新闻行业产生怎样的影响，目前尚无定论。不过很明显，如今，从美国（Petre，2018）、法国（Christin，2020）到津巴布韦、肯尼亚和南非（Moyo et al.，2019），全球的新闻编辑室都纷纷采纳了平台受众分析。"早期的怀疑主义似乎已经消退，如今，他们更关心数据和指标如何帮助新闻编辑室接触目标受众、做出更好的新闻。"换言之，欧洲和北美洲的新闻编辑室工作人员都"需要分析"（Cherubini & Nielsen，2016：5）。不过，这并不是说新闻业完全依赖于平台，也不是说编辑决策会完全由平台数据所驱动。指标会被用于优化分发而不是生产——例如，它会被用于确定在主页上放置故事的位置，或是通过 A/B 测试来确定标题和视觉效果（Tandoc，2014；van Dijck et al.，2018）。

这些来自游戏产业、社交媒体和新闻产业的案例表明，平台的治理在很大程度上是由文化生产者的实践、规范和价值观所决定的。草根阶层的算法想象激励着创作者优化他们的操作。我们可以得出这样一个稳妥的结论：平台治理塑造了文化生产，是因为文化生产者在有意且机智地适应平台治理。接下来，我们将讨论一些文化生产者是如何与平台治理进行协商的。

协 商

大多数文化生产者都感到自己在被迫适应平台治理，不过同时值得注意的是，他们也会试图与平台进行协商。所谓协商，指的是影响平台对于文化生产的监管、策展和审核的努力。其形式可以是文化生产者和平台之间实际的交谈，例如各大唱片公司与 Spotify 就其音乐在平台上分发和变现条款进行的谈判（Eriksson et al., 2019）。不过，协商也可以是通过与平台算法系统博弈来完成的。本节将会讨论不同观念的博弈，因为它所形成的一个生产空间，可供我们探索文化生产者和平台之间的协商在不同产业分支中如何发挥作用。

首先，值得注意的是，算法博弈的出现，其实是对平台策展的一种回应。作为一种形式的优化，博弈之所以成为博弈，恰恰因为它被平台认为是非法的。因此，算法博弈可以被定义为被平台标记为非法的第三方算法优化策略。因为平台在合法或非法之间的认定界限不断变化，最初被理解为"适应"的行为，也可能迅速被转化为"博弈"，反之亦然（Petre et al., 2019）。

在 20 世纪 90 年代，在搜索引擎优化（SEO）的相关实践中，这种动态性便已经被观察到了（Ziewitz, 2019）。彼时，文化生产者和各种各样的其他互补者就开始开发隐蔽的搜索引擎优化策略。批评者将其描述为"垃圾索引"（spamdexing）和"链接荡妇"（link slutting）（Halavais，2017）。随着这些策略的激增，搜索引擎行业将其称为"黑帽"搜索引擎优化，并与合法的"白帽"搜索引擎优化形成反差（Malaga，2010）。第三方参与者一旦被发现采用了这些黑帽战术，随后就会被搜索引擎惩罚、降级或隐藏。虽然这些搜索引擎优化的斗争一直持续到现在，但随着新平台的出现，其中又补充了各种各样的其他算法优化策略。每个平台都在其互补者之中允许不同的优化策略，也在不断发展评估这些策略的标准框架（Morris et al.，2021）。

在新闻行业中，一种游走在合规边缘的优化策略是"点击诱饵"（clickbait）。脸书将它描述为一种"发布一个带有标题的链接，鼓励用户点击查看更多内容，却几乎不告诉用户他们将看到什么信息"（O'Donovan，2014）。点击诱饵的文本或缩略图通常都是耸人听闻的，或者干脆是误导性的。它通过提供足够的信息来激发用户的兴趣，但不提供足够的信息来满足用户的兴趣，从而产生"好奇心差距"（Potthast et al.，2016）。显然，这些做法符合煽情主义报纸标题的历史传统，在好奇心的游戏中，它们一直扮演着重要角色。最初，脸书似乎非常适应这种策略。事实上，在2013年，该平台宣布它将在算法上优先考虑那些获得许多喜欢和评论的内容。这促使BuzzFeed、HuffPost和Upworthy等数字媒体去生产那些"值得点击"的内容。正如我们在本书中所看到的，在最初的流量高峰之后，脸书改变了它的决定。当"值得点击"显然不是"用户参与的最优标准"时，脸书的运营者宣称，它将转而专注于推广"优质"的新闻内容。此后，许多数字新闻机构的流量都顷刻间急剧下降（Caplan & Boyd，2018；van Dijck et al.，2018）。

在社交媒体内容创作中，我们也可以观察到类似的动态关系。2016年，当Instagram向算法策展转变时，平台中有影响力的用户对此做出挑战，这也为我们理解创作者的优化策略提供了一个恰当的例子（O'Meara，2019；Petre et al.，2019）。这些创作者进行着凯利·科特（Kelley Cotter，2019：906）所说的"可见性游戏"（visibility game），通过建立"互惠参与小组"（也被戏称为"豆荚"）来应对平台用算法取代时间排序的做法。"豆荚"成员会对彼此的帖子进行点赞和评论，无论其内容是什么。这样做的目的是通过模仿那些终端用户的自发参与，来欺骗Instagram的算法。维多利亚·欧米拉（Victoria O'Meara，2019：1）认为，面对平台化文化生产中被重新配置的工作条件，这种策略可以被解释为一种新兴的抵抗形式。不过，"参与豆荚"（engagement pods）也明确了Instagram所定义的操纵和正当参与之间的紧张关系。豆荚取代了机器人（即用于执行重复任务的自动化软件）的使用，而后者在Instagram上是被明确禁止的。为了防止他们自己的评论被标记为机器人行为，豆荚成员遵循一系列的准则，例如评论长度至少为四个单词，评论的指向需要依据特定的帖子进行调整（O'Meara，2019：6）。根据创作者的说法，如果不遵守这些规则，平台可能会把评论者标记为机器人，甚至会禁止他进入平台（Cotter，2019：907）。

总之，那些通常被谴责为操纵、点击诱饵和算法博弈的优化策略是非常模糊的。一些文化生产者将其视为建立可持续业务的必要策略，而另一些人则认为它们就是一种操纵。平台公司倾向于采用一种家长式的口吻来限制这些策略，并与它们自己的市场优化策略保持一致。不过，它们也在不断修改非法和合法活动之间的界限（Petre et al., 2019）。最终，这注定是一场艰苦的战斗。正如上面的案例所示，平台公司几乎总是占据上风。平台只需调整其治理框架，就可以迅速而深刻地改变文化生产者的竞争环境。

结　论

本章考察了平台治理如何影响文化产业，这些考察建立在各种研究传统的基础上，其中最突出的是软件和平台研究、商业和信息系统研究，以及文化和媒体产业研究。基于这些传统的研究表明，平台通过复杂的标准、指南、政策以及编辑和算法分类实践，对文化生产者进行引导。其中每一种实践都可能导致封禁、限流或内容的去货币化。总之，这些见解有力地驳斥了"平台仅仅是中立通道"的说法。相反，它们清楚地表明，平台正以惊人的方式干预着媒体经济、文化和政治。此外，本章也超越了当前的研究，提供了一个全面的视角，来理解这些干预措施是如何发生的，并提出了平台治理的三个核心策略：监管、策展和审核。就其本身而言，这些策略由平台公司提出，受其限制、形塑和驱动，并通过基础设施的整合而实现。

正如我们所说明的，虽然所有文化产业分支都受到这三种治理策略的影响，不过，在如何理解、采纳或协商这些策略的问题上仍然存在很大差异。这些差异应该根据行业分支和平台之间的特定依赖性关系来理解。游戏产业和社交媒体作为平台原生（platform-native）行业，受到平台治理转变的影响最为直接和彻底。在这些分支市场中，平台监管、策展和审核方面的重大变化足以成就或毁灭文化生产者。对于那些历史上一直独立于平台而存在的行业分支来说，例如新闻和音乐行业，这种影响更加离散。其中，平台治理在很大程度上被认为是一种外部干预，对生产者的制度自主性、创作自主性和文化自主性构成威胁。

随着平台治理框架的演变，所有产业的平台依赖型文化生产者都不得不要么选择适应，要么选择抵抗。平台的监管、策展和审核为这些生产者塑造了经济机会的范畴。至关重要的是，这是一个不断变化的范畴，主要由少数跨国公司控制。下一步，研究人员面临的挑战便是在平台治理模式如何在提供特定形式的文化生产，同时阻碍其他形式的文化生产这一问题上，获得更精确的见解。

第二部分　转变的文化实践

第五章
劳动

引 言

2019年，在媒体对社交媒体影响者和网络名人的持续关注中，一项跨国调查占据了新闻头条。该调查显示，社交媒体创作者已经成为年轻人最理想的职业之一（Stillman，2019）。在来自英美、处于8—12岁年龄段的参与者中，有大约30%的人认为YouTube创作者或视频博主是他们的梦想职业，而想成为航天员的人仅占11%（Stillman，2019）。对于类似的调查发现，批评者通常会将其归结为在今天新型的"名流工业复合体"（celebrity-industrial complex）中，社交媒体对"自恋"进行的狡猾包装（Orth，2004），不过，我们认为，强调平台在新的工作和劳动配置中的角色，会是一个更加有用的分析框架。

以艾玛·张伯伦（Emma Chamberlain）的职业生涯为例，这位美国互联网现象级人物在2019年被《大西洋》（The Atlantic）杂志评为"当今最重要的YouTube视频博主"（Lorenz，2019a）。张伯伦对青少年生活喜剧性的——有时是咄咄逼人的——刻画方式,为她的频道赢得了多达 1000 万的订阅者,而人们普遍认为,她的成功就在于摒弃了寻求用户关注的模式化套路。并且,至少对张伯伦来说,这门"关联性生意"(the business of being relatable)已经得到了回报:她的预计年收入超过 170 万美元——其中包括了和一系列商业品牌的企业"合作伙伴计划",其中有 Audible(有声书)、Curology(美容产品)、Hollister(服饰),当然,还有她炙手可热的个人产品线:Chamberlain Coffee 咖啡和 Low Key by Emma C 服饰[①]。在和《W》杂志的采访中,张伯伦承认需要付出大量的努力来打造和维系这种"关联性"的自我品牌。在提到每支视频都需要个人投入"20 到 30 个小时进行编辑"时,她坦言:"我有很多次在发完新视频之后哭了。每条视频都需要做这么多工作,我不知道我怎么还活着。"(McCarthy,2019)。张伯伦对 YouTube 视频生产中繁重工作的承认,披露了社交媒体职业所涉及的劳动量。除了内容创作之外——即拍摄视频和图片、打磨贴文——在动态的跨平台生态中,独立的文化生产者还需要投入大量精力进行内容推广(Abidin,2016;Baym,2018;Duffy,2017)。社交媒体创作者经常花费额外的精力与平台中介打交道,这里面包括律师、数据分析公司,也包括那些承诺与品牌赞助商进行协调、达成交易的经纪公司(Cowles,2019;Stoldt et al.,2019)。

张伯伦不是唯一承认社交媒体可见性坏处的明星级创作者。而矛盾在于,这些可见性绝大部分都隐藏在屏幕背后。正如丹麦

[①] https://socialblade.com/youtube/channel/UC78cxCAcp7JfQPgKxYdyGrg/realtime.

电竞明星卢卡斯·陶·基尔墨·拉森（Lucas Tao Kilmer Larsen）向一名记者透露的那样，他梦想中的职业已经逐渐演变成"越来越多的工作"。这位英雄联盟的玩家补充说，每天 14 个小时的工作已经使他很少有机会与朋友社交，"这个游戏不再那么有趣了"（Smith，2018）。在中国竞争激烈的直播平台上，例如虎牙和斗鱼，竞相赚取收入的创作者也对其个人生活受到的侵犯表达了类似的看法。张等人的研究中观察到，主播"把自己逼到了极限，直播时长达到每周七天、每天超过八小时"（Zhang et al.，2019：348）。网络受众的善变甚至让他们担心休假——即便是短暂的休假。一位著名的中国主播发现，当她在连续工作了近三年后短暂休息时，她的粉丝已经开始流失了（Zhang et al.，2019）。

可以肯定的是，张伯伦、拉森和其他成功的互联网人物的故事代表的是一种例外，而非常规。只有少数社交媒体创作者能靠他们的活动维持生计，更鲜有人能够凭此获得更高一级的商业成功。因此，对于学者、政策制定者、活动家和创作者本人来说，重要但在很大程度上没有被解决的问题是：心怀愿景的创作者成功的可能性有多大？他们在社会身份和其他特权标识方面共享什么特点？如何比较平台依赖型文化生产与文化产业其他领域中的收入分配和地位？在第二章中，我们在不对称的平台市场这一背景之下，讨论了这些更宏大的政治经济问题。我们发现的不均衡性有助于解释为什么 YouTube 新创作者成功的可能性低，以及相应的，为什么只有一小部分频道能获得绝大部分的浏览量和收益（Bärtl，2018；Rieder et al.，2020）。在本章中，我们将在劳动的语境下探究这些问题。

例如，重点关注平台化中的劳动使得我们能够评估，YouTube

顶级创作者队伍的经验与更广泛的社交媒体创作者群体有什么明显的不同——后者组成了一个庞大的阶层，我们在别处将他们称之为"愿景劳动者"（aspirational laborers）（Duffy，2017）。这些人将时间、精力和才华投入承诺能给他们带来实质性物质回报的活动中，但至少对大多数人来说，这些承诺都没有得到兑现（另见Duguay，2019；Kuehn & Corrigan，2013）。在社交媒体中，不管是影响力还是娱乐领域中，回报分配都是高度失衡的，更重要的是，既有的特权和权力拥有者仍然会占据上风。社交媒体内容创作中物质回报的不均衡分配，部分地证实了平台劳动市场极大的不稳定性。①

平台不稳定性

正如海伦·布莱尔（Helen Blair，2001）在世纪之初对电影业工作的记录一样，一句老掉牙的话依然告诫（或许也是激励）着今天的文化劳工："你的能力只体现在最近一份工作中（You're only as good as your last job）。"也就是说，平台依赖型创意劳工所经历的不稳定性并不是前所未有的。相反，间歇、零散的"零工"、长工时却低报酬，以及福利保障的缺乏，都是文化产业就业的长期特征（McRobbie，2016；Neff et al.，2005）。除此之外，文化产业已经逐渐用个体独立的或是"DIY"式的培训替代了在职培训（Gill，2011）。也许意料之中的是，这种潜在的工作要求往往会对

---

① 正如 Matthews 和 Onyemaobi（2020）所强调的那样，这种不稳定性的构建，尤其是文化产业中广泛流传的，是基于西方的概念，并不能平等转化到非西方的语境中。

那些缺乏足够的文化和（或）经济资本的求职者构成很高的门槛（Friedman et al., 2017; O'Brien et al., 2016）。

与之形成对比，平台貌似更加可及。在第七章中，我们将从民主的角度对平台化展开反思，开放的平台基础设施表面上降低了参与各种形式的文化生产的门槛——从在脸书和 Twitter 上从事新闻工作，到开发一个游戏应用，再到成为一名内容创作者或主播。对于新用户来说，的确，平台显得更加触手可及，但这种开放的结果是人才库（talent pool）的爆炸增长。对于挑战这种注意力以及其他资源的不平等供给，平台政策几乎没有起到任何作用。正如上一章所述，平台对头版头条、应用商店、音乐播放列表和新闻推送的组织——无论它们是由人工编辑还是算法控制的——都只会强化所谓注意力经济（attention economy）的不均衡性。平台公司通过赋予或移除"可见性"的标记，加剧了各种创作者社群内部和外部的分化。

面对平台带来的不稳定性因素的影响，传统文化产业的从业者——报纸编辑、杂志员工、电台主持人等——也绝非无动于衷。例如，过去的数十年间，新闻工作者身陷职业挑战的漩涡之中。分类广告网站、搜索引擎，以及社交媒体平台共同对新闻机构的广告收益构成了威胁。博客、Twitter 和其他公民新闻模式也为新闻从业者带来了日益激烈的竞争（例如 Lewis et al., 2010）。行业转变造成了工作岗位的大量流失。2019 年初发布的一份报告显示，自 2000 年代中期以来，新闻业的岗位数量下降了 14%（Molla, 2019）。而 2020 年以来的全球疫情更是加剧了这种不稳定性，它颠覆了劳动力市场，导致了更多的停工和裁员（Luo, 2020）。

同时，那些还留在业界的人不得不适应一种多技能逻辑，这种逻辑要求从业者能够随时制作新闻,并在各种不同的平台实体(platform instances)中进行传播——从脸书、Twitter 到 Snapchat 和 Instagram(Petre,2018)。在采访《纽约时报》的编辑时,尼基·厄舍(Nikki User)观察到,除了紧跟 Twitter 和博客上的新闻,记者还必须不断对发布的网络内容进行调整,这是一种"令人备受煎熬"的工作机制(2014:9)。进一步加重了对记者的报道要求的,是对他们"和网络受众真诚接触"的期待。新闻市场在平台化中的一个关键表现是所谓"企业家新闻"(entrepreneurial journalism)的兴起,这是一种毫不掩饰的自我推广的报道模式,受到了媒体机构、大学课程、硅谷成功人士的极力吹捧(Cohen,2015,2016;Deuze & Witschge,2018;Holton & Molyneux,2017)。对记者来说,这项进行自我品牌化实践的指令,说好听一些,是让他们感到迷失,说难听一些,则令人坐立不安。在某些情况下,对记者在报道中注入个性的要求,已经替代了以中立、激情为态度进行新闻生产的准则(Moestrup,2021)。

游戏产业揭示了平台依赖型文化劳动的另一个维度。一方面,在游戏产业的传统细分行业,例如个人计算机和专用游戏机市场,一些既定的劳动实践在国际化运营的游戏发行商的赞助下持续存在,比如动视暴雪(Activision Blizzard)、电子艺界(Electronic Arts)和腾讯。在这里,准入门槛仍然是相当高的,这一趋势在很大程度上是因为其资本密集型、正规化的生产和发行模式(Keogh,2019)。但另一方面,正如这本书前半部分所述,移动和社交平台以及新一代价格低廉的游戏制作软件工具,已经大大降低了游戏开发和发行的成本。这样一来,和社交媒体娱乐类似,对新手来说,游戏行业的大部分变得明显更加触手可及。

随着更可及游戏平台的扩散和随之而来的需求增长，一个最明显的结果就是独立游戏蓬勃发展。至少在理论上而言，"独立"于传统游戏发行商的游戏制作人应该享有更多的经济和创意独立性（Garda & Grabarczyk，2016）。不过，政治经济学和商业研究却显示，新的平台往往会强化而非挑战现有的经济、制度、区域和社会文化的等级结构（Parker et al.，2018）。

虽然平台化不一定涉及文化生产的民主化，但移动和社交游戏开发的职业很像在这章开头讨论的创作者经济，人们认为它是一个劳动和休闲完美融合的领域。"你整天玩游戏就能挣到钱"是常见的职业迷思之一（O'Donnell，2014）。大型游戏发行商对消除这些误解兴趣不大；相反，"玩游戏是众多工作福利之一"成了他们在招聘网页上天花乱坠的宣传。然而，有关报告显示，无论是独立还是受发行商资助的游戏开发者，现实条件对他们并非如此有利。除了高强度的工作文化（Schreier，2017；Woodcock，2019），研究还揭示了游戏产业内深刻的"断层线"（fault lines）——这一产业仍然在很大程度上将女性和有色人种排除在外（Bailey et al.，2021；Cote，2020；Shaw，2014）。

游戏产业文化市场中长期以来的不平等现象反映了文化市场中更广泛的不平等和排他性。此外，这些差异体现在性别、性向、种族/民族、阶级、年龄和能力等交叉类别中。可以肯定的是，我们应该对任何声称文化产业具有包容性或平等性的论断保持怀疑，尤其是考虑到已有大量研究记录了这些产业内系统性的不平等（O'Brien et al.，2016；Saha，2018）。对于平台的依赖似乎正在加剧而非挑战其中一些根深蒂固的不平衡权力关系。正如在第二章里讨论的那样，推动文化市场的爆款经济（blockbuster economics）

让少数"超级明星"的开发者、导演、创作者和记者获得了不成比例的关注和收入份额。爆款创作者的平均时薪——无论是广告还是赞助收入——几乎是没有上限的。但除了这些个例之外,赋予流行和地位的平台依赖型实体是否能使传统上未得到充分再现的群体变得可见,从而挑战结构性等级制度,这一点还有待观察。

正如开头表明,平台化为文化劳动市场引入了新的维度,同时也强化了一些文化产业工作长期存在的特点,例如不稳定性、个体化以及系统性的不平等。这些趋势并没有完全颠覆这样一个概念,即平台——从 Twitter 到 TikTok,从 Wattpad 到 SoundCloud——为文化生产者维系受众、创造收入以及参与创意和民主实践开辟了新的机会。在 21 世纪的前 20 年里,媒介和传播研究者针对 WordPress、Yelp 和 Television Without Pity 等网站所带来的机会提出了截然不同的视角,这些网站都曾邀请受众进入内容生产过程。这一场为人熟知的"数字劳动"(Kuehn & Corrigan,2013)争辩焦点,就在于这些活动是应该被理解为创意表达的民主模式,还是代表了为资本主义服务的"免费劳动"制度(Andrejevic,2008;Jarrett,2016;Terranova,2000)。

少数几个平台公司的权力集中需要我们重新评估这场争辩。正如本书前半部分所述,事实上越来越清楚的是,平台市场、基础设施和治理框架的不断演化,既促使文化创作、分发、营销和货币化阶段的劳动产生发生变化,也对这些变化做出了回应。面对这些变化,这一章将探讨劳动实践中的特殊转变是如何在不同的平台、产业细分领域,以及地理区域中形成的。更准确地说,我们考察了不同平台、文化生产者和更广泛的互补者之间的相互作用如何引发了特定的劳动常规——其中包括可见性制度、组织形式，以及经济分配和安全模式。

在本书的前半部分，我们将权力看作是关系性的。在本章及其后面的内容中，我们将关注权力的生产性方面。我们将追溯权力如何在平台、文化生产者以及其他互补者的关系中流通，并制造了平台依赖型文化生产的规范和价值。在探索这些规范性的层面时，我们不仅要分析平台和互补者之间的互动关系，也要关注这些互动如何与支配整个社会的规范和价值相对应。因此，我们将尤其关注平台化过程所处的特定历史、制度，以及社会环境。

我们的分析框架基于文化工作者在平台的劳动中经历的四种紧张关系：（1）可见性与不可见性；（2）集体与个体；（3）职业安全感与不安全感；（4）平等与不平等。这一章的结尾将表明，这些紧张关系并不是离散的，相反，它们在很大程度上相互重叠。深入探讨这四对紧张关系，能够使我们对通过平台进行工作的文化生产者的生活经验有系统性的了解。

不可见性

为了探究特定职业种类的价值，研究工作与劳动的社会学家在可见性和不可见性的概念中发现了丰富的分析潜力（Crain et al., 2016; Daniels, 1987）。通过这些概念，学者探究并经常挑战了各种形式的劳动在社会、政治经济和文化权力的更广泛配置中的位置。在狭义的文化生产中，这些概念为一些问题提供了有益的启示，例如，为什么性别化、种族化的情绪劳动和交往劳动（communications labor）制度长期不被承认（Kerr & Kelleher, 2015; Mayer, 2014; Mazumdar, 2015）。正如艾琳·希尔（Erin Hill）在谈到早期好莱坞女性的不可见性时认为:"她们之所以不被记录为好莱坞的一部分,往往只是因为她们做的是'女性工作',而'女性工作'就是无关紧要、乏味、低级且毫无新意的。"(2016:58)

我们认为,数字媒体平台的崛起使得可见性和不可见性的概念在理解文化生产时愈加凸显,特别是第四章讨论的算法的"可见性制度"(Bucher,2012)。毕竟,脸书、Twitter 和 YouTube 的平台逻辑将可见性和"存在感"(presence)作为了在口碑经济中获得成功的关键机制(Gandini,2016;Hearn,2010;van Dijck & Poell,2013)。此外,有关那些心怀愿景的创意劳工的研究更表明,他们在某种程度上对平台化的可见性(platformized visibility)有着极大关注。例如,Instagram、TikTok 上心怀愿景的创意人士在接受访谈时详细介绍了他们做出的努力,为的是让内容"被人看见"、能够"建立受众"并"获得关注"、制作出"更吸引人的帖子",以及"表现好"——这是一个反复出现、用来形容获得数据成功的委婉说法。至关重要的是,这些动机绝大多数都是为了职业发展,而非个人利益(Duffy,Pinch,et al.,2021)。

与此同时,平台依赖的是更广泛的文化劳动者,从全职员工(比如软件开发人员和营销专家)到由第三方公司提供的合同制内容审核员。正如莎拉·罗伯茨所说,后者的工作在设计上是不可见的,这意味着他们的角色被策略性地隐藏在更广泛的公众之外(Roberts,2019:3)。尼尔斯·凡·杜恩指出,在由边缘化的工人主体所主导的平台中,这种不可见性具有双重问题,她提问:"一个人如何评价那些他不能看到、并且往往不愿意看到的东西?"(van Doorn,2017:899)。

在如此庞杂的产业环境中,可见性让人感到压力重重。鉴于这种特质，以下章节提供了两种（不）可见性的特定模式——社会（不）可见性和政治（不）可见性。它们可以帮助我们理解在文化生产的平台化过程中，劳动具有怎样的变化和连续性。

社会（不）可见性

社会可见的工作是那些被社会强势群体认为是有意义或重要的工作，而社会不可见的工作通常缺乏这样的地位与认可。毋庸置疑，一个职位的社会可见性和它的报酬（即我们所认为的"经济可见性"）之间存在着显著的重叠：无论工作的实际特点是什么，较高声望的职业往往能获得较高的薪水。"女性工作"——包括由女性承担过多的生育、照料和家务劳动——无论是在社会上还是经济上，都是一种典型的、被严重低估的工作形式（Federici，2012；Jarrett，2014）。而且不幸的是，这种身份政治的幽灵正在延续：一些社会可见性最低的工作，正是那些在历史上被边缘化的人群所从事的工作，包括女性、少数种族/民族群体，以及移民人口。正如研究媒介生产的学者维姬·梅尔所言："媒体工作的性别隔离和女性化共同造成了媒体行业中的女性隐身。相较于她们，我们更有可能知道少数男性的名字，他们被认为是推动者、影响者和新闻制造者。"（Vicki Mayer，2014：57）

梅尔提及媒体的"推动者、影响者和新闻制造者"说明，社会可见的职业往往会吸引大量受众和心怀愿景的人。在当代文化产业的语境下，这包括演员/艺人、音乐人、职业游戏玩家和社交媒体创作者。尽管这些职业类别受到了大量关注，但可见性的鸿沟横亘在平台依赖型的文化内容生产和推广过程中。因此，当平台逻辑迫使文化劳工在各种网络环境中变得高度可见（hyper-visible）时，他们的创意产出是一个由几乎不可见的劳工所组成的庞杂网络促成的。后一类不可见劳工包括了在治理决策中扮演重要角色的内容审核员、帮助某些网络明星完成交易和个人品牌管理的中介，以及可以通过情感表达（分享、点赞、收藏、评论等）支持或反对某种内容的受众。互联网研究学者提出的概念和术语表明，这些类别的工作者都是由他们的隐蔽性地位定义的。这些人被称为"幕后劳工"（behind-the-screen laborers）（Bulut，2015）、"幽灵工作者"（ghost workers）（Gray & Suri，2019）和"隐形工作者"（invisible workers）（Roberts，2019；van Doorn，2017）。

（不）可见劳动在平台内容中也发挥着作用。内容审核员的任务是确保向受众隐去"不良"内容，而其他类别的幕后工作者则要使媒体和新闻内容变得高度可见，其中包括人才中介、优化专家和宣传人员等。其中一些人，比如社交媒体编辑，需要利用平台进行一种陈旧的文化产业实践：宣传。更具体一点说，社交媒体编辑是在一个已经高度饱和的内容市场上对特定文化商品的推广和品牌信息进行管理。因此，他们的工作既是通过平台基础设施和数据中介得到实现的，也是由它们形塑的。从搜索引擎优化（Halavais，2017）到自动化调度工具，他们需要审慎地采取各种可见性策略。研究再次表明，这种职业得到的社会可见性水平相当低（Duffy & Schwartz，2018）。例如，一个新闻机构的社交媒体工作者会在 Twitter 上利用搜索优化（search-optimized）的标题或是精炼的标语对一则专题报道进行重新调整，以此来提高转发量。但与有署名的记者不同，社交媒体编辑的工作是在机构的影子中进行的。也就是说，它是社会不可见的（Levinson，2016）。更重要的是，由于女性高度集中于这些职业角色，这些工作往往被诋毁为轻浮、空洞，进而也是无足轻重的工作（Mayer，2014；Shade & Jacobson，2015）。因此，虽然平台经济被赋予了可见性的承诺，但也有某些形式的劳动被更广泛的公众忽视，这种忽视是习惯性的，或许也是策略性的。此外，正如我们在后文所述，文化劳动的不可见性持续映射出传统的社会谱系、等级制度与不平等。

政治（不）可见性

要使一类工作者获得政治可见性，其成员必须获得法律和（或）法规的保护。相反，政治不可见的工作则缺乏正式的支持机制，使得工人无法获得法律保障或诉诸法律手段（Crain et al.，2016；Gray & Suri，2019）。媒体生产领域中有一个关键的案例，例如，无薪实习生被（错误地）归为独立合同工（independent contractor）。这意味着，在世界大部分地区，实习生不被委托为正式雇员。因此，他们缺乏传统"雇主－雇员"关系所提供的法律权利和保护（Perlin，2012；Rodino-Colocino & Berberick，2015）。类似的，为免受就业歧视而寻求保护的自由职业者，也不在平等就业法的保护范围内（Nickolaisen，2020）。而且，由于很少有国家设有代表自由职业者的工会，这些流动工人往往缺乏集体议价权——这是他们政治不可见性的另一个象征（Cohen，2015）。

同时，平台公司也经常试图淡化他们作为文化工作者雇主的地位。例如，在像YouTube和斗鱼的视频分享网络中，平台并不将活跃的社交媒体名人视作"员工"，因此他们不受就业法保护。《麻省理工科技评论》的安吉拉·陈解释说："如果创作者［被重新归为］雇员，YouTube将要负责假期、最低薪水、离职金等福利。"（Chen，2019：第8段）如果考虑不同地区/国家监管制度的差异，这种情况就更为复杂。在美国，"儿童网红"——即那些非常年幼的社交媒体影响者——只受他们所在州的童工法保护，但实际上他们的内容传播已经跨越了国家和国际边界（Wong，2019）。和很多平台高管一样，为了试图逃避现有的监管制度，YouTube的公司代表暗示，他们在内容生产者和终端用户之间扮演的是协调双方、中立的聚合者角色（Gillespie，2018）。

正如本书前半部分所述，平台公司的这种话语应该被视作一种策略性的决定，这种话语得益于它们的制度组织，包括对多边市场和相对开放的数据基础设施的运营。但重要的是，平台努力在推卸对内容创作者、审核员以及推广者的责任的同时，也加剧了平台依赖型文化生产的政治不可见性。除此之外，隐形劳动的概念还揭示了从"有组织的文化产业"到"个体文化生产者"的转变如何与责任和治理的概念的转变相对应。

个 体 性

在平台化过程中，驱动着文化劳动的第二种关键的紧张关系，是集体与个体组织形式之间的关系。依赖平台的工作具有个体化的特质，个体化带来的一个明显后果是，劳动者是原子化的，并且他们没有世俗意义上的组织性"工作场所"，这就意味着缺乏构建共同体的机会。文化工作者缺乏集体议价权这一情况在最近有关平台治理的争议中更加凸显。回顾第一章中的2017年"广告末日"，YouTube创作者的分散性使他们最开始很难挑战平台的监管干预。让这种权力不平等关系更加复杂的是，平台关于内容生产和推广的准则（充其量）是含糊其词的，也是不断变化的。在YouTube、TikTok和Instagram等平台，被禁或删除的内容比比皆是，但平台却没有给出任何明确的原因（Duffy, Pinch, et al., 2021；另见Gerrard & Thornham, 2020；Myers West, 2018）。

与此同时，平台的网络化能力（network capabilities）也促成了新的集体形态。正如坎宁安和克雷格在他们对社交媒体娱乐的阐释中所言："交流作为社交媒体的可供性……引入了一套更具社群性、支持性、指导性和合作性的劳动实践。"这对更具正式性和竞争性的好莱坞提出了挑战（Cunningham & Craig, 2019：83）。例如，欧盟国家的YouTube创作者正在追求工会化，以共同遏制Google和其创作者之间单向的权力流动（Tiffany, 2019）。在2020年，英国和美国都发起了影响者联盟。英国创意者联盟（The Creators Union）的创始人试图挑战针对社交媒体影响者的经济剥削，例如"品牌盗用图片、撰写存在法律缺陷的合同、无视报销要求、胁迫新人无偿工作"的行为（Tait, 2020）。

在新闻界，纯网络公司的员工一直试图复制传统新闻媒体的劳工组织。2015年6月，现已倒闭的娱乐新闻网站Gawker成为第一个组建工会的大型数字新闻机构，Vice、Thrillist、Mic、Salon、Jacobin、ThinkProgress和Al Jazeera America等公司不久也开始效仿。正如HuffPost的劳工记者指出："一旦Gawker这样做了，其他的人就会说'我们也可以这样做'。它很快就会成为新媒体世界的规范。"（引自Cohen & de Peuter, 2020）在游戏产业——一个因结构性地迫使员工加班或坚守"关键时期"（crunch time）而臭名昭著的行业——"游戏工作者联盟"（Game Workers Unite）尝试鼓励集体的劳工行动,这是一次初步但有望的尝试(Ruffino & Woodcock, 2020)。游戏工作者联盟成立于2018年,其自称是"致力于游戏产业工会化的国际草根运动和组织",在欧洲各地散布着地方分会。①

相应地,一些基于平台的集合体借鉴了在更广泛的零工经济中形成的基层反抗形式(Chen & Qiu, 2019; Rosenblat, 2018)。例如数字自由职业者社群,它们使文化工作者能够形成网络,并汇集关于就业机会的信息。埃罗尔·萨拉蒙(Errol Salamon)基于他关于自由记者的访谈,指出这种集合体的好处在于,记者们通过利用"数字技术,寻求工作及其他工作者之间的网络,并解决他们的雇佣关系、工作条件、创作者权利和薪酬问题"(2020: 188;另见 Cohen & de Peuter, 2020)。

同时,其他群体则依靠间接手段来挑战平台的控制机制。上一章我们提到了Instagram创作者是如何与平台治理进行协商的。2017年,Instagram算法的突然变动,导致创作者内容的可见性大幅降低,这时,创作者社群开始依赖于一种名为"豆荚"(engagement pods)的互动群组。在这些群组里,成员之间相互"点赞"和评论对方的帖子,期待这种参与度的提高能增加彼此出现在新闻推送或推荐页面上的概率(Cotter, 2019; Petre et al., 2019)。正如维克多利亚·奥米拉在分析这种现象时得出的结论:"这是一种有组织的努力,他们希望操纵穿插于内容创作者和受众之间的算法,并试图掌控他们被平台数据化、测量和赋值的过程。"(Victoria O'Meara, 2019: 9)这种行为尝试从平台夺取权力,

---

① 见 https://www.gameworkersunite.org.

又仍然在平台边界内进行运作,这证明在平台依赖型文化生产中,自主性和抵抗是问题重重的。

经纪公司提供了一种完全不同的组织形式,它们旨在调解平台公司和个体文化生产者、特别是内容创作者之间的关系(Cunningham & Craig, 2019; Lobato, 2016; Stoldt et al., 2019)。如涵(Ruhnn)是一家在阿里巴巴支持下于2016年成立的中国经纪公司,它向"关键意见领袖提供成套服务,使他们能够一方面连接粉丝,另一方面连接品牌和零售商"(Liao, 2019)。TechCrunch的Rita Liao(2019)指出了它对个体创作者的价值,并解释说,这家初创公司"负责电子商务的整个周期,从产品设计、制造、仓储、(通过第三方物流公司达成的)派送一直到售后服务"。然而,对中国直播平台的研究表明,经纪公司的营利性质意味着它们无法提供与工会相同类型的倡导和支持(Zhang et al., 2019)。后者强调集体权利和共同责任,而经纪公司则要对个体内容创作者进行严格审查。在斗鱼上组织主播的"公会"要求创作者"签署给予公会独家权利的合同,公会可以商业使用他们的形象、角色和直播内容"(Zhang et al., 2019: 347)。作为回报,他们为主播提供基本收入,但额外佣金取决于他们的表现(即主播收到的虚拟礼物数量)。这种奖励制度可能会使上一节讨论的关键问题进一步恶化:激励创作者实现持续的社会可见性的同时——也制造了主播们之间的相互对立(Zhang et al., 2019)。

摆脱集合体的劳动支持、实现个体化的工人主体性的这一变化,与自我企业(self-enterprise),或者更时髦的术语——企业主义(entrpreneurialism)的话语泛滥相吻合。马克·德泽(Mark Deuze)和米拉姆·普伦格(Mirjam Prenger)指出了这种取向对文化工作者的影响，他们认为，"企业主义的思维强化了这样一种观念：运营媒体不仅仅是一种谋生的方式，它已经成了你的身份。运营媒体……（关乎的问题）不是你做什么，而是你是什么"（2019：21）。可以肯定的是，劳动的个体化并不是平台依赖型的文化产业所独有的，相反，它是近四十年前开始的、就业政治经济中更广泛变革的产物。这些发展包括：（1）对（尤其是来自全球南方的）廉价劳动力的日益依赖；（2）经济衰退后的劳动力重组，而这一重组加速了劳动力的"临时工化"（casualization）；（3）在新自由主义的话语和实践下，"独立"的工作被乐观地重塑为自我企业（McRobbie，2016；Neff；2012；van Doorn，2017）。

在平台化的背景下，我们很难忽视个人主义的另一个特殊称谓——即个人作为"自我品牌"（self-brand）（Gehl，2011；Gershon，2017；Marwick，2013）的概念。塑造个人品牌的基础是赤裸裸的推广逻辑，因此，它通常借鉴那些受传统文化产业推崇的策略（Gandini，2016；Hearn，2010）。并且重要的是，平台对自我呈现和声望管理的强调在一定程度上是有意为之。也就是说，主流的社交媒体网络重视的不是网页和集体，而是简介和个性（Ellison & boyd，2013；van Dijck，2013）。

在这种背景下，心怀愿景的媒体工作者被劝说去投入时间、精力，甚至是经济资源来发展和维系他们的个人品牌（Duffy，2017；Gershon，2017；Scolere，2019）。但是，文化生产者围绕自我品牌的实际经历却是充满变数的。自我推广的法则不仅随行业、领域以及地缘环境的变化而变化，同时也会极大地影响社会身份的构建（Scharff，2015）。更重要的是，一些文化劳工感到，这种明确的商业义务和创意艺术的理想是背道而驰的。

我们还可以在音乐行业中识别出一些类似的紧张关系。虽然长期以来,推广对音乐唱片的货币化来说都很重要,但现在的营销行为更直接地落在了艺术家个人的肩上。南希·贝姆(Nancy Baym, 2018)有关当代音乐产业的著作强调了利用社交媒体进行宣传的矛盾性,尤其是自我推广的活动如何与产生有意义的社会连接的表达融为了一体。贝姆提出了"关系劳动"(relational labor)这一术语来描述文化生产者在建立和维系网络受众关系这方面的投入。尽管这种亲密关系的模式提供了潜在的愉悦,但它也是一种时间密集的、通常被隐形的工作形式。对此,科尔顿·梅斯纳(Colten Meisner)和安德鲁·莱德贝特(Ledbetter, 2020)对主播的研究也清楚地表明,一个人自我品牌的建立也取决于受众的实时参与。他们把这种现象称作"参与式品牌化"(participatory branding),这表明"受众对内容创作来说不仅仅是'在场'(present)的,而是扮演着积极的角色,与创作者共同构建了内容"(2020: 13)。

同时,对于记者来说,新闻报道和自我品牌化是一种怪异的组合(Molyneux et al., 2018)。事实上,对"平台式的表达方式代表了一种自我表达的优势"这一预设,艾弗里·霍尔顿(Avery Holton)和罗根·莫利纽克斯(Molyneux, 2017)提出了疑问。他们发现,相反,新闻工作者认为个人身份的表达受到了阻碍。一个尤其令人担忧的后果是,记者们"用更专业驱动的、与所属组织相一致的信息取代了许多个人信息、内容和对话"(2017: 203)。文化工作者在应该如何打磨个人社交媒体资料这一问题上获得的指导会十分具有约束性。2019 年,一些知名澳大利亚报纸(包括《悉尼先驱晨报》《时代报》《布里斯班时报》和《今日西澳》）公布了一项社交媒体政策以指导记者：

> 关注他们转发的内容；不使用社交媒体进行客服投诉；如果干扰到他们的工作，不在 Twitter 上直播报道；不在没有署名或确认的情况下分享来自其他组织的突发新闻或资讯；不使用社交媒体直接攻击竞争对手的记者或出版物；即使受到辱骂，也不要攻击引战者（Meade，2019）。

也许并不让人感到意外，记者们认为这些政策是极其"不可行的"（Meade，2019）。换句话说，记者被期望对他们生产内容的可见性负责。但他们也面临着直白或隐晦的约束条件，从而抑制个人和民主表达——我们将在第七章更深入地探讨这一话题。

更广泛地说，这些研究和描述表明，个人主义和企业主义并不一定意味着更大的个人自由和赋权。相反，它们也预示着对劳动的集合性影响，以及雇主、受众、同行和竞争者带来的限制。

不安全感

"好"工作和"坏"工作听上去是一种主观判断。不过，理论家为职业或就业类别的理想程度提供了一系列判断条件。例如，戴维·赫斯蒙德夫（David Hesmondhalgh）和莎拉·贝克（Sarah Baker）认为，在文化生产的领域，"好"工作的特征应该包括"体面的工作收入、适当的工作时长；自主性；兴趣和参与感；社交性；尊重和自尊；自我实现；工作-生活平衡；以及安全"（2013：17；另见 Oakley，2013）。在这一节中，我们将会探讨平台在安全和不安全劳动的二元关系中所扮演的角色。"好"工作意味着稳定和未来的可持续性,"坏"工作则指的是短暂的(例如合同工)、缺乏前景和职业提升机会的工作。对于工作者来说,不安全的工作通常意味着"很少或完全不能掌握职业生涯中'接下来要发生什么事'"(Deuze & Prenger,2019:21)。

尽管新冠危机引起了人们对许多行业不稳定性的广泛关注,但我们在此前已经指出,这种不稳定性的特点在文化工作中早已有据可查。换而言之,小说家、艺术家、电影制作人及音乐人的劳动实践,历来与一个难以预测的文化产品市场紧密联系在一起——这个市场建立在受众善变的品位和把关人(例如 DJ、书评人和影评人)无常的偏好之上。当然,这种不稳定性对不同种类的文化工作者的影响是不同的。例如,游戏开发的分析师指出,变幻无常是这一领域的工作文化,这也使得人才库局限于年轻工作者群体(O'Donnell,2014)。埃尔金·布卢特根据对美国游戏测试员的分析得出,他们的劳动条件是由一种普遍的不规律性(irregularity)决定的。用一位访谈对象的话说,工作者们有时会"做任何事情,只是为了勉强过活下去"(Ergin Bulut,2020:129)。有关欧洲游戏产业的研究,例如对波兰的游戏测试员(Ozimek,2019)和爱尔兰的游戏社区经理(Kerr & Kelleher,2015)的研究,也揭示了类似的不可预测性。

当代工作中的新自由主义任务,再加上饱和的文化内容市场,似乎已经加剧了许多创意行业的不稳定现象(Duffy, Pinch, et al.,2021;Glatt,2021)。更重要的是,独立工作被大肆吹捧的特点——包括对自由和灵活性的保证——正是使工作变得不可靠和短暂的机制。因此,在对挪威自由职业记者的研究中,吉特·马西森发现,虽然参与者们对灵活工作所带来的自主性和工作满足感表示感激，但他们也"经历了前所未有的不稳定和脆弱"。马西森继续提道："他们的收入没有保障，并且描述了一种犬儒的工作生活，媒体公司投资雇用临时工，却对其负更少的责任。这种不稳定和无保障状态也导致了一些自由职业创作者承接纯新闻业以外的工作，比如公关工作和商务沟通。"（Birgit Mathisen，2019：1006）

记者们努力在相关领域寻求零碎的工作，证明了一种更广泛的多技能（multiskilling）趋势——文化生产者感到必须成为各行各业内人尽皆知的专家。因此，发展多种技能可以被理解为抵御文化劳动力市场不稳定性的一种防御工具。新闻学学者尤其强调多技能逻辑如何对工作者关于职业地位和自我价值的认知产生了重要影响（Deuze，2004；Mitchelstein & Boczkowski，2009）。重要的是，虽然早期对新闻多技能的说法倾向于关注各个完全不同的专业子领域（即网络与印刷），不过，今天新闻业的新危机涉及对多平台的熟练程度。郭蕾和永·沃尔茨（Yong Volz）在对新闻岗位的广告分析中发现，广告招募的是那些能够"在多个平台上讲故事"的人，雇主对多媒体技能的要求仅次于对写作能力的要求（2019）。

和当下记者的跨平台技能需求一样，内容创作者也越来越需要打造可以跨越社交媒体生态的品牌形象。为了应对这一更广泛的指令，曾经把精力投入 YouTube、Instagram、Twitch、斗鱼或微信等某个单一平台的创作型艺人（creator-entertainer）现在需要在多个社交网络谋求出路。坎宁安和克雷格（2019：94）用"平台不稳定性"（platform precarity）一词来描述迫使创作者发展跨品牌形象的不稳定程度。这种创作者共同采取的策略，也是为了缓和平台经济、基础设施和治理维度的快速演化带来的不确定性。正如网红凯莉（Kelly）在一次访谈中告诉我们：

> （我的同行建议我）"不要把鸡蛋放在一个篮子里。"很多博主把他们所有的时间和注意力都投入 Instagram。但我知道很多人都说不要这样做，因为 Instagram，或者更广泛地说社交媒体，永远都在变化。我记得十年前大家都在用脸书。然后 Instagram 来了，现在大家都在用 Instagram。但下一个是什么？会是 Instagram 吗？我们不知道。还有 Snapchat、Twitter、YouTube……如果你把所有的时间和注意力都放在一个平台上，你会有麻烦的（引自 Duffy & Hund, 2019）。

凯莉的评论指出的正是当创作者把大量时间和（或）注意力投入一个平台时所经历的不确定性。

在平台演化的背景下，创作者这种降低风险的行为是有意义的。在本书的前半部分，我们讨论了这样一个事实：虽然一些平台公司取得了不可复制的成功，但在为吸引更多终端用户/互补者做出基础设施性投入和维系可持续的商业模式之间，许多公司未能取得平衡。Vine 的视频分享服务的兴衰就极大地体现了这种平台不稳定性。2017 年，Vine 突然关闭，大批该平台上的名人费尽苦心把他们的受众转移到新的平台，而其他创作者似乎就此销声匿迹了。类似的情况还发生在 2020 年，当时美国的 TikTok 创作者面临着潜在禁令的威胁。为了防止自己失去收入来源，创作者开始鼓励他们的观众在 Instagram、YouTube 等平台上关注他们（Duffy, Pinch, et al., 2021）。

这些描述共同揭示了这样一个道理，在平台环境下进行文化生产，需要具备适应重大制度性转变的能力和意愿，当这一转变波及内容分发和货币化环节时尤其如此。[1] 即使一个平台不会完全消失，平台所有者的社会技术调整和治理模式都可以严重威胁创作者的劳动过程（Arriagada & Ibáñez，2020）。尤其是像对某些内容的禁令或审查，这些决定可以扼杀他们赚取收入的能力（Caplan & Gillespie，2020）。同样的，意料之外的算法调整或更新也会威胁创作者的内容可见性。回顾上一节中，Instagram 决定用算法取代发布时间来排列平台内容。许多创作者批评这一举措大大降低了他们的可见性，但同时，他们也意识到隐含其中的指令，即要变得灵活。科特尔在对这场"Instagram 游戏"的分析中引用了一句网友的话："你需要抱着一种'打不过就加入'的心态……这很糟糕，但我们改变不了，所以你要么适应它，要么被淘汰。"（Cotter，2019：902）在别处，我们将这种源于算法调整的不确定性模式描述为"算法不稳定性"（algorithmic precarity）（Duffy，Pinch，et al.，2021）。对于创作者来说，预测平台日益变化的算法是"工作的必要部分"。更广泛地说，这种描述揭示了平台依赖型文化生产者所面临的额外的不安全因素。正如我们在第四章指出的，这种不安全性也是产生结构性不确定性的条件之一。

不 平 等

尽管文化产业工作的地位备受追捧，不过在近年来，这些领

---

[1] 可以肯定的是，创作者这种精心的多平台策略并非没有先例。相反，它是商业研究学者所称的"多宿"（multihoming）的一项实例（Landsman & Stremersch，2011）。

域已成惯例的不平等系统也逐渐昭然若揭,其中包括:惊人的薪资差距;抑制女性、有色人种和性少数者群体的排他性做法;以及歧视和骚扰已成常态的非正式工作文化(Gill,2014;Lopez,2020;O'Brien et al.,2016;Saha,2018)。除此之外,系统性的偏见和不平等现象已经超越了行业和文化地缘的范围。以新闻行业为例,欧洲新闻观察机构的一份报告对11个国家的新闻业状况进行了分析,揭示了各种性别偏见的指数,其中包括在新闻署名和配图上的显著差异。最严重的性别失衡现象发生在德国,署名记者中58%是男性,只有16%的为女性(European Journalism Observatory,2018;也见 Byerly,2016)。最近,尼曼新闻实验室一则名为"种族和新闻编辑部"的报道,强调了美国新闻业突出的种族和民族鸿沟。该报告对近年来发表的一系列研究进行了元分析,结论显示出"新闻业的种族问题"(见 Merrefield,2020:第1段)。除了黑人及西班牙裔记者在新闻编辑部的人数(和更大的人口相比)较少之外,报道也指出这对涉及种族议题的报道程度和特点产生的影响。

无独有偶,电影、电视和音乐产业的相关研究(Lopez,2020;Mayer,2011;Berkers & Schaap,2018)也已经指出了各种程度和形式的系统性不平等。同时,游戏产业因其对来自边缘群体工作者的排他性——如果不是公然敌意的话——而招致了一连串批评。正如苏珊娜·德·卡斯特尔(Suzanne de Castell)和凯伦·斯卡齐乌斯(Karen Skardzius)所认为的,这些问题不仅仅是"数量问题"。游戏产业中的女性专业人员被迫"进行额外的情感劳动,以证明她们的角色和影响力,是能够'适应'该行业的工作者。但这种修辞立场同时禁止她们对这个行业特有的厌女工作条件进行批判"（2019：837）。为纠正文化产业中的不平等现象所做出的努力往往是没有结果的，尤其是当他们专注于经济因素，同时牺牲了进步性的结构变化时（Saha，2018）。

如前所述，数字平台降低的市场准入门槛往往与民主化相联系，更准确地说，它强调平台有潜力挑战狭义的生产文化话语。围绕社交媒体平台的早期言论认为它们为边缘化群体提供了更多参与文化生产的机会。可以肯定的是，在某些情况下，它们似乎正在发挥这种潜力，特别是对于那些在进入文化产业时面临经济和（或）地缘壁垒的工人群体。例如，林健和高伟云（Jeroen de Kloet）在研究中国最主要的视频分享应用之一——快手时，观察到它如何"使那些生活在城市中心以外的、形形色色的、经常被边缘化的中国人成为'非典型的'创意工作者"（2019：1）。同时，艾马·琼斯（Jean，2018；Christian et al.，2020）的研究聚焦于 OpenTV，这是一个被宣传为"面向交叉性的（intersectional）节目和系列片、支持芝加哥艺术家制作、展示独立电视剧"的平台。在这项研究中，琼斯提出了一个替代性平台（alternative platforms）如何使边缘化社群蓬勃发展的模式。通过这种方式，类似 OpenTV 的平台培育了更丰富的人才，也相应地培育了更丰富的内容。

但关键是，与这些成功的论述相衬的，是关于平台化不利影响的报告，尤其是那些证实了偏见和（或）歧视存在的研究。例如，平台依赖型文化生产领域中的一些专业，似乎通过社会学家描述的"职业集群"（occupational clusters）（例如 Bose & Rossi，1983）复制了文化劳动中的性别分工。我们在别处（Duffy & Schwartz，2018）指出，社交媒体编辑/管理是一种主要由女性进行的工作，其特点是遭到模式化的社会贬低（social devaluation）。

为了解这种贬低是如何运作的，我们将社交媒体编辑与在社交媒体开发和编码中占据绝对地位的男权文化进行比较。虽然社交媒体编辑和软件开发人员的工作都被隐藏在屏幕后面，但只有后者——绝大多数是白人男性——享受了这种高地位工作的福利和特权。因此，我们认为："通过将大量仍被边缘化的工作（分配给女性），社交媒体就业将'女性工作'移植到了数字经济中。"（Duffy & Schwartz，2018：2985）社交媒体影响力或内容创作领域似乎也再生产了更广泛的、基于身份对工人贬低的系统。正如索菲·毕夏普（Sophie Bishop，2018）等学者指出，许多顶级创作者所属的内容类型（genres）都再现了刻板的性别角色：女性从事美容和时尚，男性从事游戏、喜剧和高科技。

另一典型现象是这些类型创作者的报酬不平等。2020年，一群有色人种社交媒体影响者呼吁公众关注他们极度失衡的薪酬体系，这种体系构造了整个社交媒体市场经济（Cochrane，2020）。Instagram内容创作者莉迪亚·奥凯洛（Lydia Okello）批判了一种趋势：品牌商对黑人创作者的支付方式是给予曝光度或免费赠品，且往往延期兑现的承诺，而不是经济补偿。她指出：

> 我成年后一直作为一名黑人创作者工作。我注意到这里经常有一种预设：大公司注意到你，并正在向你伸出援手，你应该感到受宠若惊。他们说"这反映了一种更大的文化叙事，即边缘群体的创意工作并不那么有价值"（Cochrane，2020）。

当这些批评注意到了某些劳动种类的边缘地位时，我们特别需要考虑到的是，平台治理框架——特别是算法——正在放大这种不平等和歧视（Gerrard & Thornham, 2020; Noble, 2018）。正如第四章所讨论的，创作者社群曾指控 TikTok 和 YouTube 等平台的内容审核和策展实践带有种族主义（Kelly, 2020）。

最后，游戏产业提醒我们，当需要打破长期存在的不平等现象时，平台依赖远非什么灵丹妙药。如前所述，游戏产业数十年被困在"亚文化的壕沟"（subcultural entrenchment）中，发行商和平台运营商需要满足、迎合（如果你愿意这么说的话）相对同质化的年轻男性玩家（Kirkpatrick, 2013; Shaw, 2014）。虽然游戏在进入移动应用商店带来了其数量上的多样性——即市面上游戏数量的增加——但很少有迹象表明这已经转化为游戏工作者的多样性（Nieborg, Young, Joseph, 2020）。前面提到的线下游戏工作者（游戏测试员、社区经理、外包劳动者）的地位仍然被低估，整个行业在很大程度上依然是一个由年轻白人男性主导的领域（Bailey et al., 2021; Cote, 2020）。[1]

结　论

通过对平台化过程中文化劳动实践的考察，本章对"平台全然是民主化的"或"平台全然是垄断化的"这两种本质主义的论述进行了复杂化处理。回顾本书的前半部分，我们展示了平台化如何同时涉及文化生产中权力的去中心化和再中心化，从而挑战了这些论述。而在这一章中，我们为这一分析增添了一个新的层

---

[1] 我们应该注意到，对这种长期失调负有责任的不仅仅只有平台，同样还包括游戏发行商和自称"游戏玩家"的人，后者被允许不断积极管制"属于他们的"亚文化的边界（Consalvo & Paul, 2019）。

次，即探究在文化生产的平台依赖模式中，权力是如何在工作和劳动实践中流通的。我们展示了平台、文化生产者和其他互补者之间的相互作用如何产生了新的劳动配置，这些配置的特点是特定的可见性制度、组织形式，以及经济分配和保障模式。在个体层面，这些新的劳动形态使少数人能够挑战传统的权力制度，甚至获得更大的成功。不过总的来说，文化工作中不太有利的因素——不稳定性、个体化和系统性的不平等——似乎得到了放大。

为了探究这些因素如何相互作用，我们在平台依赖型文化劳动中识别出了四种最为核心的紧张关系：（1）可见性与不可见性；（2）集体与个体；（3）职业安全感与不安全感；（4）平等与不平等。基于贯穿本书的更大的主题，我们更应该注意到，这些紧张关系并不完全是新问题，它们恰恰是在平台化进程中受到挑战、再确认或得到了重新配置。因此，平台依赖型文化劳动可以被看作是长期以来新自由主义就业结构调整的延续和激化，这一过程导致了风险的个体化（Neff，2012）。

此外，这些紧张关系并不是单独运作的，它们之间以有迹可循的方式产生交叉或分离。例如，平台依赖型劳动力市场的一个关键因素是平台的繁荣。独立的文化工作者在这些平台中争夺可见性，随后再争夺工作。像 Upwork、Fiverr 和 Elance 这样的公司允许雇主招聘临时的、项目型的工人，这些工人的价值是通过量化的声誉分数来体现的（Gandini，2016；Popiel，2017）。这种新的可见性制度以接连不断的竞争为中心，进一步增强了个人主义、经济不安全和社会不平等。虽然个别文化生产者成功地变得"超级可见"并获得了经济上的成就，但总体而言，平台依赖型劳动的特征是嵌套的不稳定体系（nested systems of precarity）（Duffy，

Pinch, et al., 2021）。这种不稳定性在很大程度上植根于发生在更广泛的平台市场、基础设施和治理层面的动荡和变化。在这种不间断的转变中，文化生产者感到他们不可避免地需要随时做出应对。这些条件意料之中地会让许多文化工作者对前景感到疲惫和焦虑。

尽管我们在平台依赖型文化生产中看到了不稳定性和权力的根深蒂固，但重要的是，我们也要注意到抵抗运动的存在。事实上，近年来已经涌现了一些新的集体形式，一些劳动者组织正从这些平台兴起。它们在规模和组织上各不相同——从社交媒体名人发起的草根集体，到更有组织的尝试获得工会支持的记者。同样值得注意的是为挑战媒体和文化产业中普遍存在的社会不公体系而做出的尝试。如#奥斯卡"太白"（#oscarssowhite）和#我也是（#metoo）这样的运动，它们揭示了平台如何使网络化的公众能够抵抗不平等现象，我们在第七章关于民主政治的内容中会提到这个问题。不过，在未来，我们不能仅仅欢庆这些集体尝试，而是要批判性地评估它们是否能有效地稳固文化工作者在文化产业及平台公司中的地位。

第六章
创意

引 言

  2019年末,TikTok成了一场跨代际冲突的目标。当时还在平台用户中占据着主导位置的年轻群体中流行起来一场"OK Boomer"嘲讽。很快,该短语——以及它的诞生地(平台)——通过新闻报道、迷因和滑稽的反应视频(reactional videos)被推入更广泛的流行文化之中。一些人将这种代际侮辱归因于与年龄相关的技术使用差异,或是酝酿已久的社会分裂(例如 Lorenz, 2019b),其他人则不厌其烦地发问:"TikTok是什么?"在同年发表的一篇文章中,研究数字媒体的米洛万·萨维奇(Milovan Savic)和凯思·阿尔伯里(Kath Albury)(2019)为这种疑问提供了一个令人信服的解释:老年人最初对该平台的不熟悉——用他们的话说——很大程度上是被"蓄意设计"的。他们回溯了TikTok的企业演化过程(从中国初创公司 Musical.ly,到被总部位于北京的科技公司字节跳动以10亿美元收购),并描述了TikTok是如何通过先引起人们对创意理想的兴趣、进而成功在全球范围内捕获青少年受众的。他们认为:"从一开始,Musical.ly 就将自己呈现为一个服务于创造力和游戏的工具,而不是社交媒体平台。"甚至,Musical.ly 最初在应用商店的描述也是"世界上最大的创意平台"(Savic and Albury, 2019:第 7 段)。萨维奇和阿尔伯里解释道:"这种策略使得 Musical.ly 能够分散父母对孩子使用社交媒体的顾虑。"换句话说,该平台的话语定位——将创意表达标榜为高于其他一切的东西——是一种策略传播的产物,旨在规避父母对 Instagram 和 Snapchat 等更主流社交网络应用已经形成的负面印象。

2020 年底,在破纪录的下载量、成年用户的显著增长,以及持续不断的媒体报道(其中一些报道是指控性的)(Parham, 2020)之后,TikTok 度过了所谓的"身份危机"(Kaye et al., 2021)。平台似乎已经有效地将自己打造成了一个人们在日常生活的琐碎中进行创意表达的论坛。TikTok 的流行程度部分要归功于它所谓的"本真性"(authentic)——这一称号使得它成为那些更具表演性、愿景性平台的一剂解药。正如记者阿布拉尔·赫蒂(Abrar Al-Heeti)指出,TikTok 在平台生态中具有相对的吸引力,因为它提供了"没有滤镜的个性和幽默,这在 Instagram 等网站上是不常见的"(2020:第 5 段)。这种吸引力在很大程度上来源于短视频平台独特的基础设施功能,包括其可访问的内置编辑工具、个性化且源源不断提供视频内容的"为你推荐"的页面,以及一种通过更加青睐新创作者而非知名人士、以此来颠覆名人的社会等级(pecking order)的算法。

可以肯定的是,TikTok 绝不是第一个自诩创意性自我表达的践行平台。相反,平台为了招徕用户,强调艺术实践的潜力,同时也在掩饰这种用户创造力的价值如何回馈到平台的商业模式中，而这一做法早有先例（Andrejevic，2008；Hoffmann et al.，2018；John，2016）。例如，在 YouTube 上，文化生产者不会被称为艺术家、影响者或演员，而是被明确称为创作者。这一术语的模式化使用并非偶然，而是恰恰反映了平台的狡猾。正如科技记者泰勒·洛伦兹（Lorenz，2019a）所言，当 YouTube 开始系统地部署创作者这一称谓时，它就将这一称谓拔高到了其他标签之上，到 2017 年为止，"[YouTube] 在推动创作者这一术语方面是如此成功，以至于它很快也被其他平台接纳"。

新创作者，新创意形式？

对于当下和那些心怀愿景的文化生产者来说，平台为内容的创作、分发、货币化和营销提供了广泛的机会。在创意领域，除了 YouTube、Instagram、TikTok/抖音和 Twitch 等主流平台提供的潜力外，还有无数的小众平台——从 Streamlabs（流媒体）和 Cameo（个性化视频），到 Parklu（网红营销）和 Clubhouse（音频）。根据 2020 年的一份风险投资报告，"创作"这一类别——尽管它定义模糊——在"增长最快的小型企业"中排名第一（Yuan & Constine，2020）。就其本身而言，平台公司倾向于兜售一种明显区别于传统媒体产业的创意模式。具体来说，这些平台倾向于强调草根或自下而上的创意形式，并复兴了一种自我表达的美好可能——这种观点曾引领了 Myspace、Flickr 和 LiveJournal 的早期叙事（van Dijck，2013：35）。

虽然批评家们试图对 21 世纪头十年间蔓延的过度乐观进行纠

正,但平台仍然被广泛理解为"民间创意"的渠道。与工业化生产的内容相比,通俗创意描述了普通人开展文化生产的日常实践。这一概念有助于解释为什么平台上的名人经常——即使只是表面上——被认为与传统媒体产业的"专业人士"截然不同。与后者相比,数字创作者投射出了亲和力,并与他们的受众或社群维系着一种公开对话(Abidin,2018;Baym,2018;Christian,2018)。除此之外,"业余人士"和"专业人士"之间也有相当多交叉:电影和电视名人利用社交媒体平台进行品牌建设,并和粉丝互动,而著名的YouTube创作者和Instagram博主则通过电视亮相、杂志拍摄等方式进军流行文化。不过,平台公司热衷于强调他们的区别,大肆宣扬创作者的"普通"和"本真":让我们确信,他们和我们一样。TikTok在应用商店中避而不谈内容制作所需的专业知识和精心规划的程序,转而指出其"短视频是令人兴奋的、自发的和真实的"。

民间创意的概念提供了一个有用的框架。在这个框架中,我们可以看到社交媒体形式(social media formats)的极大发展,这些形式无法被归为我们以往熟悉的类型,如喜剧、电视剧或混合体裁(如犯罪电视剧或伪纪录片)(Burgess & Green, 2018;另见Fagerjord, 2010)。除了众所周知的"DIY"(自己动手)和直播游戏等类别外,五花八门的YouTube内容还包括购物分享视频(个人展示他们从不同商家那里购买的"货物")、ASMR视频(人们试图通过使用声音——如耳语或敲击——唤起观众的感官体验)、(涉及互动进食的)吃播(Mukbang)视频,以及一个包罗万象的、名为"恶心"(Grossness)的视频类型。虽然在各种视频中,表现出色的可以获得数以千万计的浏览量,但这些子类型的成功可以归因于这样一个事实：它们并不是吸引"所有人"。相反，它们迎合了颗粒级别的小众群体（niches）——用更时髦的话说，叫"品味社群"（taste communities）（Lynch，2018）。

当然，其中一些品味社群映射了社会身份的标记，其中包括性别、种族、民族、阶级和能力（ability）。以黑人推特（Black Twitter）为例，这个集合体不仅是一个充满活力的行动主义和反公共参与的地方，它还为长期被主流文化产业边缘化的群体提供了一个创意表达的论坛（例如 Florini，2019；Sharma，2013）。同时，像马奎斯·布朗利（Marques Brownlee）（MKBHD）这样的 YouTube 创作者，则挑战了科技评论和内容中定义狭隘的、白人占据压倒性优势的行业文化。根据数字研究理论家安德烈·布罗克（André Brock, Jr.）的说法，MKBHD 这样的频道不仅"解决了非裔美国人在科技报道中被隐身、被忽视的问题"，还有助于挑战"将黑人排斥在社交媒体资本主义经济之外"的更广泛的社会结构（2020：57）。

同时，在游戏产业，发行商和平台运营商都援引了创意这一理想，并为业余开发者提供了游戏开发的手段。21 世纪初，一些开发了所谓"第一人称射击游戏"的游戏工作室，例如 Doom、Quake 和 Battlefield，开始将"游戏引擎"——即"运行"一个游戏所必需的软件——免费提供给业余开发者（Banks，2013）。这种开放导致心怀愿景的业余爱好者或半专业团队对游戏的原始主题、设置和（或）模式要进行数以千计的修改，这种修改也被称为模组（mods）。作为核心游戏的"专有扩展"，这些模组迎合了数以千计的小众社群——从海盗迷到那些试图对他们最喜爱的战役进行二次创作的历史爱好者（Nieborg & van der Graaf，2008）。近二十年后，诸如 Minecraft 和 Roblox 这样广为流行的游戏已经凭借它们对游戏内置创作（in-game creation）的简单规定推进了模组创作的原则。因此，这些游戏本身已成为成熟的"平台"。

创意的计算

在上述两个文化产业——即社交媒体和游戏中，指标（metrics）是创意的重要表现方式，尽管它不是完美的。的确，社交媒体创作者需要竞相产出那些能增加点赞、收藏和分享量的内容，游戏产业则依赖于销售数额和（或）应用程序下载量。不过，量化标准对文化生产的重新型构绝非仅出现在这两个行业。新闻生产者与指标之间的关系就尤为紧张。当数字数据为评估工作者的产出提供了可量化的指标时，许多新闻机构正在努力平衡新闻理想与成为"流量工厂"（Petre，2015）的指令（另见 Belair-Gagnon & Holton，2018；Fink & Anderson，2015）。毫不奇怪，面对这种指标狂热，换言之，也就是对于数据驱动的量化标准和定向广告的鼓励和奖励，记者们最初持以相当大的犬儒态度。这种怀疑指明了一种文化产业中长期存在的、更为普遍的矛盾——即创意和商业之间的矛盾。

在探讨诸如此类的紧张关系时，我们应该注意到这些摩擦如何随着时间的推移而转变，甚至是消散的。对平台指标和新闻创意两者关系的认知就是一个典型的例子。如第四章所述，在早期有关美国和英国的研究确实强调说，记者最初并不愿意将平台指标纳入他们的日常工作中（MacGregor，2007；Usher，2013）。不过，最近的研究则表明，这一现象发生了明显的变化，许多记者对数据分析持更加赞成的态度，并认为它不一定与编辑自主性和创意相违背（Cherubini & Nielsen，2016；Hanusch，2017）。当然，必须承认，这种创意冲突究竟被人如何体验，在不同的文化产业部门的确存在着实质性差异。例如，在大多数欧洲国家，公共服务媒体在电视和新闻生产中发挥着关键作用，他们的创意自主性和完整性得到了制度性的保护。这一条件影响了这些媒体活跃于平台环境中的方式。一项关于荷兰公共服务广播公司的研究表明，正是因为创意自主性和平台指标之间的冲突，该公司才试图建立独立于商业平台的、"一个自主的线上公共服务领域"（van Es & Poell，2020：7）。而在商业媒体公司，这种"光荣孤立"（splendid isolation）的政策是不可能，也是不可取的。

考虑到这些警示，本章探讨了在平台依赖型文化生产中，创意与商业之间长期存在的紧张关系是如何演变的。由于为"创意"这样一个难以捉摸的术语提供一个定义，注定是一件费力不讨好的事，我们选择呼吁关注文化产业中，权力和创意实践出现纷争的话语场所，其中包括对创作者和创意内容的讨论。前者与创作者自主性的浪漫观点相联系；后者则如第七章即将讨论的那样，与文化多样性相联系，其标志是发声和（或）文化产品的多元性。当然，这些关于创意人员和创意内容的理想往往是紧锣密鼓地共同运作的，并且一起受各种行动者和权力关系的形塑。

更重要的是，我们在创意和商业之间援引的二元对立在某种程度上是人为的，或者至少是被夸大的。因此，我们赞同凯斯·尼格斯（Keith Negus）在20世纪90年代中期提出的方法：与其认为创意与商业是对立的，不如更有效地将这种关系理解为"关于什么是创意、什么将被商业化的争夺"（1995：316）。与此类似的是，我们采取的研究方法也认为，创意和商业共同被一个更为宏观的、由创意流（creative flows）和约束（constraints）组成的系统所构建。或者说，就权力而言，我们探究的是在平台依赖型文化生产中，特定的创意和商业模式是如何共同产生且相互关联的。

紧张关系

在马克斯·霍克海默和西奥多·阿多诺（1944/2006）对同质化的"文化工业"的激烈批判的阴影之下，面对外部约束对创意实践产生的影响，人们总有一种挥之不去的疑虑。这种疑虑通常指向商业主义的不正当力量，或者更确切地说，是企业所有权的集中所带来的腐蚀性威胁（McAllister，1996；Meehan，1991；Wasko et al., 1993）。正如政治经济学家本·贝戈蒂克安（Bagdikian，1983：151-2）在四十年前发出的警告："媒体已不再是商人的中立性代理，而是企业巨型化的重要齿轮。"尽管他的批评强调的是高度商业化的媒体内容给西方公民参与和民主理想带来的风险，但同时，个体文化生产者的创意自主性也受到挑战。

与传统媒体垄断时代相比，在许多方面，这些担忧在今天都只增不减。正如我们在第二章中所述，直播、应用程序、播客和数字广告的市场是高度集中的，巨额的利润和大量的终端用户仅仅集聚在少数几个平台公司手里。这并不是说，企业垄断是创意和文化多样性的内在天敌。正如许多媒体经济学家指出，确定企业所有权和创意两者的因果关系是困难的，甚至是徒劳的（Herbert et al., 2020）。

相反，构成平台市场的经济不对称性体现在平台用来治理基础设施访问的严格机制上。通过控制对分发渠道的使用,平台公司在很大程度上取代了传统的把关人,例如实体商家。更重要的是,平台提供了我们在第三章和第四章详细论述过的"边界资源",使得他们能够控制、掌握文化创作并使其标准化。这体现了平台的基础设施可供性和治理可供性,它们不仅使平台式文化生产成为可能,同时也根据平台的技术商业目标引导了创意表达。

关于平台和技术目标的讨论往往会引起更广泛的文化焦虑,这种焦虑关乎技术对创意表达所起到的阻碍作用。正如我们在本章开头所见,自 2010 年代末以来,这种讨论主要集中于平台公司对由数据驱动的分析的日渐依赖,以及数据化的风险(Myers West,2018;van Dijck & Poell,2013)。《麻省理工科技评论》在 2012 年的一篇文章强调了数据化和自动化侵犯创作过程的方式,文章指出:

> 人们普遍认为,创意是无法被机器复制的。数百本著作和研究报告强化了这一假设,它们试图将创意解释为人类大脑右侧神秘反应后的产物。创意,作为一种设想,证明了人与 CPU 有多么不同。但现在我们了解到,对某些工作来说,这根本不是真的。复杂的算法正在进入创意领域——即使是像音乐产业中 A&R(artist & repertoire)这样定义模糊的部门——它们证明在一些追求中,人类是可以被取代的。(Steiner,2012:第 3 段)。

正如这句话所表明的,与平台化相勾连的生产逻辑——包括算法生成的预测——与传统意义上的创意概念存在某种程度的矛盾。首先,说到底,创意是可以被评估的吗?其次,谁来设定并评估文化产业中的创意参数?这些问题让人想起长期以来关于创意本体的争论:有些人认为,创意源于创作者的洞察力或天赋,另一些人则把它更集中归于接收者的主观性。只有后者——即使仅仅在表面上——可以通过受众测量工具和技术来了解(Baym,2013)。正如前面关于数据分析的讨论所指出的,新的商业模式和基础设施整合都加速和强化了衡量受众注意力指数的需求。

要清楚,我们深谙技术和经济决定论模式的危险,并且像许多人一样,将阿多诺和霍克海默不折不扣的悲观主义归结于他们写作时的文化背景。此外,平台在创作者和内容的层面上都提供了一系列新的创意实践。在探索这些实践时,我们将指出,文化生产者和平台之间的互动生成了特定的、引导文化内容和表达的规范。在以下章节中,我们通过小众化、指标化、品牌化和本真性这几个概念来探讨这些规范,这些概念可以被视作生产性的权力机制。我们将考察这些机制与关于受众、文化内容及创意工作者的传统理解之间的紧张关系。和更宏观的文化生产领域一样,基于平台的创意实践往往模棱两可、饱受争议并处于协商之中(Hesmondhalgh,2019;Saha,2018)。在平台依赖型文化生产中,这四种紧张关系构造了有关创意的话语和实践:(1)大众与小众;(2)质化与量化;(3)编辑与广告;(4)本真性与自我推广。这些紧张关系并不意味着今天的文化生产实践与过去相比存在天壤之别,而是标志着文化产业中许多长期趋势的强化,同时也体现出更为广泛的经济与社会转变。

小 众 化

尽管"大众"(mass audience)(Turow, 1997)具有工业建构的性质,但它同时也是一种技术现实主义。也就是说,20世纪早期的媒体体制部分是由他们在接触大量人口方面的潜力所决定的:报纸以及后来的广播涵盖的是那些被认为与普罗大众相关的议题,而发行量最大的杂志则针对的是"大众兴趣"。直到20世纪七八十年代,伴随着媒体的碎片化与同时期兴起的市场细分实践,"大众"这一概念才从根本上被撼动(Ettema & Whitney, 1994; Sender, 2005; Turow, 1997, 2008)。当时,专业有线电视频道开始颠覆广播网络的主导地位,而杂志则开始面向狭义的消费者群体。在最近的几十年,由数据驱动的目标市场定位和内容定位在很大程度上削弱了"左右大众"的共同尝试(Bechmann & Lomborg, 2013; Turow, 2011)。相反,平台依赖型文化生产是由小众化的过程驱动的,即由狭义的兴趣社群来构建生产和消费(如参见 Bolin, 2011; Couldry, 2009)。

在理解小众化对于创意实践的潜在影响时,我们似乎有必要承认,对文化产业中大众诉求的贬低已经是老生常谈。以大量异质受众为目标的文化产品——好莱坞大片、榜单前40的歌曲和畅销小说等,通常被认为是以牺牲独特创意为代价而换取了巨大成功。用贬义词来说,它们坚持"最小公倍数"的原则(Hirsch, 1969),因其迎合那无所不包、下里巴人的消费者品位而为人诟病。这背后的基本原理通常是经济上的:成功总是会带来更多的成功,消费者通常会扑向现有的连锁企业、品牌、系列片、续集片、周边和其他文本衍生品（Elberse，2013）。因此，对文化生产者来说，创作能吸引所有人的产品（即"热门大作"）的要求被认为是一种对创意的约束。相比之下，为小众口味量身定做的产品（即"冷门之作"）则受到高度尊重，被认为是创意冒险的产物。

正是在这种情况下，早期的互联网支持者才对互联网的用户定制能力感到惊奇：尼古拉斯·尼葛洛庞帝（Negroponte，1995）提出了"我的日报"的想法，称颂定制化"媒体食谱"（media diet）的潜力；克里斯·安德森（Anderson，2006）则认为，互联网经济将引发一场新的创意复兴。为了解释这一点，作为《连线》杂志创始编辑的他提出了数字分销中文化市场的"长尾"（long tail）模式。在一篇关于娱乐业"大片时代"的"悼词"中，安德森宣称："长久以来，我们一直在遭受'最小公倍数'的暴政，蒙受脑残暑期大片和粗制滥造的流行音乐（manufactured pop）的折磨。为什么？因为经济。我们对流行品味的许多假设，实际上是供需错配的产物——是一种对低效分配的市场反应。"（2006：16）对安德森来说，像亚马逊、网飞和苹果这样的公司正在颠覆传统的媒体经济，除了"热门大作"，他们同样能够从"冷门之作"中获益。安德森的论点既是一个经济问题，也是一个技术问题：文化产品的可得性（availability）不再受制于物理存储系统（即商店货架或分销仓库）。相反，被编码成1和0的数字内容可以不断增长而摆脱物质限制。

虽然安德森风行一时的概念在直觉上合乎情理，并为许多技术信徒和企业高管所接受，但其他人——包括具有媒体经济学背景的学者——指出了他论点中的明显缺陷（Elberse，2013；Napoli，2016）。首先，文化产业中的"热门"和"冷门"并不是互斥的。

相反，正如我们在第二章讨论的，正是因为平台市场是由网络效应驱动的，"热门之作"变得更"热门"了——或者用安德森的话说，比以前更为"残暴"了。此外，还有人认为，平台的推荐系统只是放大了同样的热门作品，延续了一种所谓的"单一文化"（mono culture）（Chayka，2019）。对于无限选择和高度定制化的媒体食谱的迷思，《纽约时报》专栏作家法尔哈德·曼约奥（Manjoo，2019）提出了疑问，他总结道："尽管有那么多选择，但我们大多数人还是正在享受更多同样的歌曲、电影和电视节目。我们并没有自己认为的那样特立独行。"

尽管存在这种批评，在今天这个平台依赖型文化生产当道的时代，小众的品位群体依然比比皆是。从经济上说，热门大作的效益可能比以往任何时候都大，但是仅就数量而言，每一类数字内容的访问量几乎都是无限的。例如我们早些时提到的 ASMR 视频——即使它们在这个亚文化社群以外的人看来十分怪诞，但这一视频类型已经积累了一大批忠实的观众（Castillo，2017）。正如一位创作者告诉媒体："ASMR 视频的制作成本往往很低，但它具备可重复播放性这一重要因素。"（Castillo，2017）在一个推崇流行度、用户参与度的由广告驱动的环境中，ASMR 创作者有潜力在一种系统中实现内容的货币化，这种系统被传播学研究者杰西卡·马多克斯（Maddox，2020）称为"交易性刺激"（transactional tingles）。正如一家广告技术公司的代表在谈到 YouTube "最古怪、最疯狂的小众社群"时所说："我们按照态度、思维来对消费者社群进行划分……这比默认的'14 至 20 岁男孩'目标群体效果更好。"（Griffith，2016）换句话说，广泛的人口统计学划分，例如性别、年龄和收入，在这样一个超小众"品位社群"的时代远没有那么重要,即便品位社群的概念因网飞这类服务已经变得更加流行(Lotz,2017)。

同样,在游戏中,小众化策略和分类也正在取代传统的、基于人口统计学数据的受众分类。广告从业者戴恩·泰勒(Taylor,2019)在一篇文章中讨论了对单一玩家群体营销的局限性。她认为人口统计学意义上的分组是十分粗糙的,并且解释说:"在分辨不同的受众时,即使是'休闲玩家和铁杆玩家'(casual-to-hardcore)这一光谱也是相当无用的,因为二者在个人习惯、态度和信仰上都会有巨大的差异,这都与他们在游戏类型、硬件、内容创作者,以及其他方面的偏好相联系。"游戏研究也证实了这些观察,并指出"休闲"一词是不精确的——甚至是有问题的。"休闲"这一术语体现了人们对游戏的普遍理解和平台想象(Chess & Paul,2019;Consalvo & Paul;2019;Juul,2010)。

除了创意实践,小众化对在数字公共领域流通的新闻和信息产品也有重要影响。在某些情况下,对公民问题的高度本土化(hyper-localized)报道被认为是社区公民的福音。然而,小众定制的策略也具备制造和(或)加剧政治孤岛(political siloes)现象的内在潜力(Pariser,2011)。这里值得注意的是,从一开始,对无限定制化的遐想就伴随着对社会分裂、隔阂和群体极化的担忧。例如,2001年,卡斯·桑斯坦(Cass Sunstein)指出了尼葛洛庞帝"我的日报"的阴暗面,认为"由于互联网使人们更容易找到志同道合的人,它可以促进、巩固具有共同意识形态的边缘群体"(Sunstein,2001:58)。反过来,这可能会导致极端主义和巴尔干化现象(balkanization)(2001:65-72)。

社会分化在政治领域之外也有所体现,尤其是当终端用户越来越多地被细分为约瑟夫·图罗沃（Joseph Turow）所描述的"数据驱动的小众市场"，而"这些市场提供的新闻和娱乐主要是为了加强用户的自我意识"（2008：148）。虽然图罗沃认为媒体和广告业的小众化使共同的社会结构受到了威胁，这种"窄播"（narrowcasting）的兴起对表征性身份政治（representational identity politics）产生了重要影响。根据媒体学者凯瑟琳·森德（Sender, 2018）所述，大数据和高度具体的品味文化的兴起，破坏了长期以来引导媒体内容创作的身份类别。由于广告商日渐使用个性化的消费者定位机制，曾经有意义的分类（如"同性恋市场"）已经失效。显然，社会身份的标记在平台环境中屡见不鲜——从在 drill 音乐①视频中展示帮派暴力特征的黑人城市青年（Stuart, 2020）到女同性恋 TikTok 短视频的创作者——艾玛·凯里（Carey, 2020）将后者描述为"一个女同性恋和双性恋女性可以提出关于性取向和性别认同的问题、相互支持，以及发布'饥渴评论'的地方"。不过，恰恰相反，评估这些亚社群类型必然需要由数据化和算法个性化生成的用户定位。

总而言之，在平台依赖型文化产业中，媒体碎片化这一长期趋势得到了强化。这些小众化过程同样具有很强的规范性：它们强化了关于"大众"和"创意"之间水火不容这一根深蒂固的假设。随着数据驱动的系统前所未有地提高了文化内容的定制化水平和表面上的"可预测性"，人口统计学意义上的分类已被狭义的品味社群所取代。对于这一破坏了身份分类的数字媒体系统，虽然学者们已经开始质疑它带来的影响，但许多事情还尚待观察。

---

① 嘻哈音乐的一种流派，起源于芝加哥。——编者注

对我们来说，尤其重要的是考虑小众定制如何影响了相应的社会政治身份，以及与这些身份类别相关的创意实践。

指 标 化

从独立作家到电视网高管，各种类型的文化生产者长期以来都依赖那些提供评估和反馈的数字系统。受众指标，例如电视收视率、杂志销量或票房收入，都被用来验证文化产品的成功与否。流行程度绝不是创意的完美参数，但在文化产业中，数字有助于使观众的口味变得清晰明了。同时，引用吉特林（Gitlin，1983：32）在关于黄金时段电视节目的社会学研究中的话，它也有助于预测不可预测之事。

在21世纪第二个十年中，随着传统评估策略被即时的、自动化的可见性制度和反馈机制所取代（Beer，2016），受众测量领域出现了一场数据驱动的革命。正如南希·拜厄姆所说："在各个互联网平台上，受众即时且持续地浏览网站、点击喜欢和播放按钮、关注、加好友、发Twitter等等，产生了大规模可被计算和挖掘的数据。"（2013：第1段）在文化产业中，这种对量化的需求预示着一种指标逻辑的普遍性，即平台的测量方式在文化生产和传播中的全面扩散。这种逻辑对应了吉莱斯皮（Gillespie，2014：192）所说的"算法逻辑"，即一种依赖"机器的程序化选择，这个机器由人类操作者设计，从收集的社会痕迹中自动进行判断，或发掘出模式"的倾向。然而，鉴于我们关注的是指标在平台公司之外的扩散，并且在更广泛的文化领域的被采纳，我们选择使用一个更全面的框架。指标逻辑不仅仅是由平台驱动的，它也依赖于那些积极地将数字基准纳入生产和分发过程中的创意实践（Meisner & Ledbetter, 2020）。换句话说，这种逻辑是由平台和文化生产者共同构建的，并受到广告商、数据中介、经纪公司等的推动。

这对个体文化生产者——不管是杂志作家（Duffy, 2013）、新闻记者（Petre, 2018）、自由职业者（Scolere, 2019），还是游戏开发者（Bulut, 2020）——意味着，他们被持续要求生产能够获得指标可见性（metric visibility）的作品。正如前一章所指出的，"表现好"（do well）成了一种义务，深刻地塑造了社交媒体创作者和影响者的职业生涯。所谓的"表现好"，是在分析学意义上获得成就的委婉说法（Hund, 2019）。好友、关注者、粉丝等，实际上都是社交媒体经济中运作的货币。笔者之一曾在其书中描述过那些心怀愿景的影响者，其中也提到了这种数字崇拜可能造成的情感消耗。一位社交媒体创业者坦言："你会关注数字（然后把自己搞得晕头转向），就像我这样。"（Duffy, 2017：149）虽然Instagram做出了"隐藏"点赞的尝试，并将其标榜为平台正试图减轻指标和情绪健康之间的潜在相关性，但此举对构造了影响者文化的量化负担几乎没有缓和作用。或者，正如记者丽贝卡·詹宁斯（Jennings, 2019）所讲的那样，"对（这个）平台来说，粉丝数量高于其他一切"；"无论它增添多少新功能或政策，Instagram都不会成为真实（realness）和本真（authenticity）的堡垒"。

另一系列研究探讨了这种指标逻辑对音乐家和音乐产业的影响（Herbert, 2019；Morris, 2020；Prey, 2016）。例如，拜厄姆（2013，2018）考察了数字环境的变化——包括指标的可见性（visibility of metrics）——如何影响了音乐人和粉丝之间的关系。她指出，从历史上看，音乐人很少能够直接了解自己的唱片销量。

"如果他们需要对受众进行量化，一般是计算观众能够填满的场地数量、歌迷俱乐部成员，以及有多少人加入了他们（蜗牛一样慢的）邮件列表"（2013：章节 3.2）。如今的情况则恰恰相反，音乐人们需要诚挚地仰仗这些数字。

同时，在亚洲娱乐市场，所谓"数据粉"（data fans）的出现证实了受众能够对指标施加影响，达到形塑音乐人成就的目的（Zhang & Negus，2020）。张谦和基思·尼格斯（Keith Negus）的研究解释了粉丝如何"通过社会行为对爱豆的数据流量进行策略性地操纵、修改和强化"。他们指出，一群受众指标的"专家"是如何作为一种名为数据小组（data team）的配置出现的：（这是）一群兢兢业业、技艺娴熟、精通数字平台的粉丝，他们深谙驱动算法和生成漏洞的技术过程。组员从各类平台收集数据，准备干预策略，并对其他不太具备技术知识的数据粉丝做出指导。"（2020：505）因此，数据粉是具有相当的反身性（reflexive）的，他们非常清楚自身具备形塑流行音乐人的职业发展轨迹、将他们打造成为明星人设的主体潜力。和模拟信号时代的粉丝实践相比，数据粉的一些行为并不陌生：买专辑、看演唱会、电台点播等，这些支持音乐人的机制由来已久。但这一案例也凸显了今天粉丝实践的新颖之处——即通过部署共享的专业知识来和指标系统"博弈"。

这样看来，数据粉的实践和那些社交媒体创作者为理解塑造了平台指标逻辑的算法多变性而采用的做法并无二致。因为平台公司对数据的访问有所限制，那些希望操纵算法系统的人必须诉诸"民间理论"（folk theories）（Bucher，2017；DeVito，2017），以试图理解那些在很大程度上被遮蔽的、支配着文化内容可见性的系统。当下已经兴起了一大批"作坊式"的数据中间商，它们使指标变得透明，并坚持认为平台数据可以驯服、预测或帮助更好地理解受众（Beer，2018；Chan，2019）。在社交媒体内容创作的领域中，这种数据中间商包括自封的 YouTube "专家"（Bishop，2020），也包括那些试图通过互相吹捧提升内容流量的"豆荚"影响者（O'Meara，2019；Petre et al.，2019；Cotter，2019）。使得这些"民间理论"问题重重的地方在于，算法更新具有不稳定性，且受众品位也变幻莫测。因此，任何"预测不可预测之事"的尝试都是一项难以应对的挑战。

和社交媒体创作者感到有义务"表现好"一样，记者也越来越难在新闻质量和数据化基准这两种意识中保持平衡（Anderson，2011；Petre，2018）。正如我们在本章前面提到的，早期关于指标驱动的新闻编辑室的描述记载了像 Chartbeat 这样的服务如何既困扰了编辑，也在记者心中激起了恐慌。不过，近年来，人工编辑和自动化之间的冲突已经变得不再那么尖锐（Christin & Petre，2020）。例如，2018 年，福克斯记者杰弗里·钦（Chin，2018）将 Chartbeat 描述为一种"持续性干扰，它几乎存在于每个编辑的屏幕上，不停弹跳出并发新闻和热门话题"。同时，他承认，"实时分析并不完全是魔鬼"。用安吉拉·克莉丝汀（Angele Christin）和凯特琳·彼得（Caitlin Petre）（2020）的话说，尽管记者倾向于从事一种"与指标达成和解"的关系性工作，一些数据驱动的尝试仍然会激起反击。2021 年，英国《每日电讯报》在宣布他们将把记者的薪酬与文章的受欢迎程度挂钩后，一位记者告诉《卫报》："这很诡异。将薪酬支付委任给算法是对新闻业的犯罪。它将使电讯报陷入盲目追逐点击率的泥潭。"（Bland，2021）

许多媒体高管信任平台指标,部分是因为它们有可能突出文化产品的被需求程度。例如,像洛杉矶初创公司Cinelytic这样的企业,利用数据和人工智能来试图"预测"某个演员或剧本是否更有可能带来成功的票房(Vincent,2019)。当然,我们应当注意不要过分强调平台依赖型创意实践的数据驱动性质。传播学学者安玛丽·纳瓦吉尔(Annemarie Navar-Gill)基于对好莱坞剧作家的访谈,探究了平台和门户网站为达到不同目的部署各种数据的策略。她发现,"在受众数据提供的许多指标和流媒体平台据其而采取的实际行动之间,存在着一道诠释性鸿沟"(2020:9)。她的研究表明,媒体公司的创意决策完全依赖于(大)数据这一观点,在很大程度上是一个流行的传说。

面对这种对指标的狂热,一些文化生产者质询它对成功作品的解释力(即从数量上推断质量的倾向)。另一可疑之处在于,这些数据可能存在纰漏或造假。随着人们开始广泛关注美国和欧洲国家选举中的"自动造假"(即假关注者)现象,大众媒体也开始注意到这种造假的普遍性,尤其是在脸书上(Howard et al.,2018)。同样流传着这种顾虑的还有Instagram,这包括平台方自己对"算法博弈"做出的道德指责——这在第四章有更细致的讨论(Cotter,2019;Petre et al.,2019;Ziewitz,2019)。一位为Instagram开发审计工具的技术人员告诉BBC:"我们发现,20%—30%的社交媒体影响者都会采取某种方式或形式人为地提高他们的指标,无论是购买假的粉丝、点赞、评论还是限时动态浏览量。"(Lane,2019)就Spotify而言,它一直在努力分辨优化歌单和使用不正当的方式来吸引听众之间的区别(Morris,2020)。

随着平台指标已经成为文化生产关键领域中的核心,它们激起了人们对丧失创意自主性的焦虑。因此，对于我们所说的指标逻辑，整个行业一直存在着抵制的声音。在理解这种逻辑如何持续存在的时候，我们有必要认识到，文化产业中的各种利益相关者也都是这些指标的既得利益者。可量化的基准不仅仅是平台的专利。它们被渴望预测需求的媒体公司所接受，被文化工作者用以追踪业绩，被粉丝用以提高他们偶像的知名度。广告商、数据中介和经纪公司又进一步促使文化生产者将指标纳入其日常运作。但是，尽管指标化受到了文化产业中各类行动者的推动，平台指标也引起了人们大量的怀疑——这些指标衡量的到底是什么，以及它们是否值得信任。这种焦虑、经济利益和怀疑主义的结合，使得指标化和创意之间的矛盾变得格外尖锐，且在不同的领域和语境下存在着显著差异。

品牌内容

正如许多批评家指出，广告商和其他商业实体对媒体行业施加的影响是既深刻又有问题的（Herman & McChesney, 1997; Wasko et al., 1993）。此外，在技术发展的转折点上，尤其是在"新"媒体技术问世之时，这种影响得到了加强。二十世纪末，VCR、用户生成内容等一系列技术革新使受众获得了更大的媒体控制权，这也促使市场营销人员开始寻求更为大胆的说服策略（Turow, 1997）。因此，在20世纪八九十年代日益碎片化的媒体格局中，出现了一种微妙的，甚至是"鬼鬼祟祟"的营销方式，例如电影中的产品植入，或者至今仍旧流行的、女性杂志的赠阅本（Steinem, 2007）。在2000年代中期，长期以来的产品植入被更有利可图的产品整合所替代,在这种做法中,产品或品牌被集中编入了剧本或情节线。同时,跨媒体推广也似乎开始层出不穷(La Ferle & Edwards,2006;Lotz,2014)。

广告商对技术创新的反应模式为理解平台化的双重框架提供了一个背景,即对商业目标而言,平台化既构成了威胁,也提供了机遇。所谓的"品牌内容"(branded content)就是机遇之一,它在如今的商业平台环境中可以说是横行无忌(van Dijck et al.,2018;另见 Einstein,2016)。根据脸书的官方定义,品牌内容是指"创作者或出版者在内容中提及了商业伙伴或受到其影响、并以此进行了价值交换"。不过,这一定义却掩盖了一个事实:这种推广材料的内容和风格往往模仿了那些非赞助性内容。

与传统媒体环境一样,要求平台依赖型文化生产者适应商业压力也被认为是对创作过程的一种约束。对新闻记者来说,驾驭这种约束条件尤其困难,特别是考虑到他们长期以来的专业职责就是区分编辑内容与广告——我们可以在"政教分离之墙"(wall of separation between church and state)的比喻中捕捉到这一点。特别是在西方民主国家,被视为"第四产业"的新闻业给予了新闻工作者保持编辑独立性的特权。在过去,行业的中坚力量曾试图寻求这种规范的合法性,例如,确保新闻和商务团队拥有不同的办公场所。但是,经济现实对新闻业务提出的挑战导致了这样一种情况:"墙的隐喻已经被'生存和行业危机的修辞'所取代(Coddington,2015:78-9)。"换句话说,由于新闻公司被迫考虑来自社交媒体的竞争和压力,他们现在更愿意迎合广告商(Cornia et al.,2020)。

正是在这种情况下,所谓"原生广告"(native advertising)

（Einstein，2016）的威胁在当代新闻机构中赫然显现。根据《哥伦比亚新闻评论》提供的定义，原生广告"表面看起来像真实的新闻故事，由新闻出版物内部的人设计，他们希望采取有别于传统广告公开推销产品的方式，来进行商业信息的创作和传播"（Sirrah，2019）。被征召从事该"设计"工作（craft）的记者个人因此感受到极大的压力，除此之外，用新闻学学者马特·卡尔森（Matt Carlson）的话说，这种情况的涌现还要求我们"用一种新的批判视角看待新闻自主权"（2015：861）。尽管记者们向来都在努力与商业压力抗衡，但在社交媒体创作者经济的背景下，界限变得更加暧昧，因为广告和赞助是将个人劳动货币化的手段之一。虽然记者职业的个性化特点意味着他们在剥离广告与创意内容方面面临较小的制度性压力，但创作者们明白，赤裸裸的商业主义可能会惹怒他们的网络受众。斯图亚特·坎宁安（Stuart Cunningham）和戴维·克雷格（David Craig）在他们对社交媒体娱乐的全面分析中（2019：154），描述了其中一种"话语逻辑，它试图使品牌关系服从'本真性''社群'这些占主导位置的话语"。换句话说，相比经济机会，创作者感到不得不优先考虑他们对本真性和亲密性的投射——以免他们被受众指控"出卖信任"。

当然，影响者营销的诱惑力的基础，是这些名人与他们的受众分享诚实的自我表达。因此，他们的推荐和产品测评受到的商业影响可能会更少（Abidin，2018；van Driel & Dumitrica，2021）。不过，虽然这种"本真性"的话语可能有助于产品推广，它们也给文化生产者和消费者带来了相当大的道德问题。的确，尽管影响者营销被广泛认为像"狂野西部"（the Wild West）一样缺乏管理——或者也正因如此，影响者必须遵守不断演变的关于广告披露的监管协议。最重要的是，针对影响者的规则和条例在不同的平台、区域和地缘背景下都有所差异。在撰写本书时，比利时、加拿大、荷兰、秘鲁和英国都有明确针对影响者的监管条例（International Council for Advertising Self-Regulation，2020）。英国广告标准管理局在一份长达18页的文件中发布了针对影响者的指导方针，并在页脚中标注了"合法、正直、诚实和真实"（Advertising Standards Authority，2020）。该报告详细介绍了法律如何要求影响者向观众披露他所进行的推广，无论他获取的是何种形式的内容报酬——可能包括"货币支付；佣金；免息借贷产品或服务；免费的产品或服务（无论是影响者主动要求还是商家主动提供）；或任何其他奖励"。作为消费者保护法的一部分，影响者们被同等要求向受众披露推广信息（2020：5）。尽管针对推广披露开始有越来越多的范例和成文要求，但这些条文执行起来却相当困难。正如西蒙·欧文斯（Owens，2019）在《纽约杂志》中写道："随着'纳米型'（nano）和'微型'（micro）影响者的兴起——即那些哪怕只拥有几千名粉丝，却依然能够出售推广贴文的社交媒体人物——这个世界已经变得过于混乱，任何单一的政府机构都无法（对这一现象）进行有效监测。"正如第四章所述，由于平台治理也在不断演变，维系这种平衡变得更加具有挑战性。

更广泛地说，平台依赖性挑战了创意规范的部分原因似乎在于它取代了一系列监管机制，这些机制曾经为传统文化产业提供了详细的关于推广关系的指导。2019年，Spotify企业代表首次宣布，通过Spotify推出的"为您提供全新音乐"（Brand New Music For You）的弹出式广告（pop-up ad），唱片公司（和其他行业参与者）将能够在平台内部定位目标粉丝，从而为其艺术家进行付费推广（Ingham，2019）。由于Spotify同时从事流媒体音乐和广告业务（Prey，2020），它自然希望将广告业务套牢在自己平台内部。

总而言之，文化生产者长期以来一直在为如何既适应商业实体的需求，同时又维系自身的创意经济而挣扎。而平台化进一步复杂化了这些冲突。为了适应平台环境，广告商重点开发和赞助那些对广告活动有持续性积极作用的内容形式。反过来，这也给创意和商业内容之间的传统区隔带来了压力。文化生产者如何应对这种压力，很大程度上取决于其所处的特定行业。在新闻业，它引向了关于如何保护编辑内容完整性的根本性反思与争辩，而其他行业则必须平衡商业需求、受众期望，以及不断演变的法律规定。

本 真 性

在上一节中，我们提到了社交媒体创作者和影响者如何不断向受众保证他们的真诚，用一个可能已成为当下创作者的共同理想的术语来讲，就是他们的本真性。需要强调的是，本真性的理想在文化产业中并不是一件新鲜事物。从音乐（Grazian，2005）、杂志（Duffy，2013）再到脱口秀（Grindstaff，2008）和真人秀（Holmes，2004），文化产品的制作惯例，以及表面上与主流相悖的创作者的人格魅力，决定了大众对这些文化产品的评价。换句话说，本真性被同时赋予了文化价值和经济价值。

因此，紧随理论家莎拉·贝内特-韦瑟（Weiser，2012）的见解，即本真性和推广义化之间存在生产性、同时也是必要性矛盾，本节研究了这种紧张关系如何在平台环境中构造了创意实践。更具体地说，鉴于我们在第五章中所描述的，对文化生产者而言，自我推广是一项不可避免的任务。鉴于此，我们将考察他们展现创意本真性的各种方式，并把这种紧张关系放置在内部创作动力和外部约束这样一个更为宏观的框架内。一方面，和传统媒体时代一样，平台的制度性驱动似乎代表了"一个'有悖于'真正文化生产的、非个人的工业系统，因为该系统受工具理性的支配，而不是艺术家的创作活力"（Frosh，2001：544）。另一方面，出于商业目的需要，社交媒体大多数文化实践都会利用本真性的力量，正如杰弗逊·普利（Pooley，2010）的恰当描述，是"蓄意的自为"（self-making）过程。

这种本真性自我推广在社交媒体创作者中俯拾皆是。例如，Instagram 上的影响者在调和二者时常常使用的一种说法是，他们只有在真正喜欢某个产品或服务时才会去大肆推广它。一位时尚创作者在讨论她的社交媒体职业时，向我们解释道："我不想只是成为另一个赚钱的人，我从事这份职业只是因为我真的享受我的工作。"（Duffy，2017）在前文提到的坎宁安和克雷格关于社交媒体娱乐中"本真性公理"的叙述中，作者同样注意到，创作者通常回避粗暴赚钱的说法。为此，许多创作者发现自己处于这样一种文化中："任何关于本真性的声明都在一个'指控－回应'的修辞领域中被不断检验，正是这些声明使社群得以形成。"（2019：154）最近，创作者因未能树立本真的形象而受到"指控"的例子屡见不鲜，这使得一些创作者常常陷入一种自我审查（Duffy & Hund，2019）。我们在其他地方有所论述，对被边缘化的群体来说，无情的"本真性监管"（authenticity policing）尤其普遍，它能够以仇恨和骚扰的形式出现（Duffy & Hund，2019）。对音乐家（Baym，2018）、女权主义文化生产者（Pruchniewska，2018）和追求网络名气的城市帮派成员（Stuart，2020）的研究则证明，本真性与身份政治紧密相连。

换句话说，在不同的平台和文化语境下，本真性的建构迥然不同。林健和高伟云（Jeroen de Kloet）在对快手这一基于算法的视频平台的分析中，强调了创作者为同时达到创意和经济目的而传达"草根本真性"（grassroots authenticity）的不同方式：

> 从头像到用户名，创作者需要对所有细节都进行精心设计和优化，以使得终端用户能够理解"这个账户是什么"。一个人只要想进行数字创作，就必须知道创作的内容、方式、时间，以及受众是谁。持续的内容发布、直播也需要良好的时间管理技能。（2019：10）

作者指出，这种压力通常是建立和维系"受众"这一需求的结果。拜厄姆在她对关系劳动的论述中指出，在音乐产业，"音乐人离商业压力越远，就越被认为是本真的"（2018：172）。拜厄姆不仅重申了许多学者所理解的"本真的建构性"（constructedness of authenticity），她也指出这种价值是如何越来越通过文化生产者和受众的亲密表达来表现的（2018：173）。

与社交媒体和音乐产业相比，新闻业中关于本真性和自我推广的建构似乎有着显著区别。这种差异在很大程度要归结于新闻业的制度史，它将客观性这一崇高理想置于主观的、个人的意义赋予（即"本真"）之上。不过，在日益高涨的政治运动之后（例如全球"黑人的命也是命"的抗议运动），记者进行主观评价的风险似乎更大了。正如安德鲁·海沃德（2020）在谈到这种冲突时指出：

> 一方面是传统的新闻行业标准和可信度，另一方面是作为一名积极进取的记者的本能——在这二者之间，记者有时需要做出一种吊诡的权衡之举——即表达深刻的道德信念、反思自我的生活经验，并以一种有"人性"的方式与观众和关注者产生联结，这种做法通常也受到他们老板的鼓励。

显然，平台是这些记者表达这种人性的关键来源。当然，本真性并非意味着轻松。正如前一章表明，为了达成这种"本真"而提供一系列交流和亲密联系时，需要付出时间、精力和劳动。

总的来说，以上这些描述揭示，本真性是文化产业中人们长期坚持的理想，但重要的是，它和自我推广之间存在冲突。在平台依赖型文化生产中，对本真性的要求越来越高，与此同时，对商业/推广的约束也越来越强。文化生产者对这些需求的调和能力不仅根据平台和行业的不同而变化，也因创作者的主体性而异。未来，我们似乎有必要考虑创意与商业的关系如何，特别是对记者造成困扰——对于他们来说，本真性是一项相对较新的要务。

结 论

创意是媒体和文化产业的核心。一些人认为，文化产品的内在价值取决于其原创性，其他人则认为创意理想是一个基本的矛盾点：创意（即自我表达）本身就是目的，还是仅仅是达到其他目的（即利润）的手段？同时，对于个体文化工作者来说，创意发挥了麦克罗比（2016）所描述的装置（dispositif）作用，即一种"让人们以工作为乐的意识形态刺激"（另见 Hesmondhalgh，2019）。与之相应，本章试图考察平台化如何在创作者和内容互相关联的语境下影响了创意实践。我们并没有对创意做出某个单一定义，而是指出它是如何在不同的外部约束条件下被构建的，特别是在经济（商业／商业主义）和技术（数据化／小众化）的压力之下。

在创作者方面，平台的多样性成就了更加多元的创作者社群，这一说法似乎很难被反驳。TikTok、YouTube、快手和 Twitch——诸如此类的视频平台向才华横溢、心怀愿景的人保证，他们有可能被人看见，且不需要面对长期以来对独立艺术家造成阻碍的准入门槛。在这种情况下，一些基于平台的创作者社群对长期界定了传统媒体产业的狭义文化生产类型构成了直接挑战。

对于平台在培育内容多样性方面的作用，人们的态度更加矛盾。在庞杂的社交媒体生态中，内容供给似乎是无穷无尽的，这些内容也无法被归属到传统的一般类别之下。但也有证据表明，批评者口中的"单一文化"——即同质化、重组的文化——在一个算法系统的时代变得更加普遍（Chayka，2019）。在新闻的语境下，当传统的"大众"（mass publics）被一个更狭窄的"公众"（public）概念所取代时（Peters & Witschge，2015）会出现怎样的风险，这一点似乎尤为重要。

理解创意的动态性和多样性的关键在于使用"被平台化放大的新逻辑"这一框架，其中包括小众化、指标逻辑、品牌内容及本真性。认为平台化直接导致了这些压力的观点是过于草率和绝对的。与之相反，这些力量在文化产业的历史中有着深厚的根基。

然而，平台化的决定性因素——它的定制化、可追溯性、为推广内容持续提供的空间——强化了这些力量，并在榨取人们的注意力又获得数据的同时，以特定的模式塑造了创意实践。

第七章
民主

引　言

2020年，洛杉矶厨师和演员塔比莎·布朗（Tabitha Brown）一跃成为年度互联网名人之一。使她的事业一飞冲天的，正是一场全球疫情。2020年3月，据说是在她18岁女儿的劝说下，布朗在TikTok上发布了她第一批简易素食烹饪的视频片段。无论是她抚慰人心的声音、和蔼可亲的举止，还是风趣横生的调侃——"想加多少就加多少，因为那是你自己的事"——毋庸置疑，在新冠的爆发初期，布朗引起了TikTok受众的共鸣。在加入该平台的短短两个月内，她就惊为天人地收获了310万粉丝。《纽约时报》的一篇报道记录了布朗迅速成名的过程，并将41岁的她描述为"非典型的TikTok明星"（unlikely TikTok star）（Garcia，2020）。这不仅是因为布朗并不属于这个年轻平台的典型用户群，更重要的是，布朗的出现似乎对科技行业中那些往往使有色人种女性处于不利地位的结构性障碍构成了挑战（Benjamin，2019；Christian et al.，2020；Noble，2018）。

TikTok 平台突飞猛进的发展和布朗的事业轨迹是类似的。新冠病毒在美国传播的最初几个月，TikTok 的应用安装量大幅增加。随着全球各国都采取封锁政策，互联网的使用率大幅上升，数以亿计的用户都开始突然依赖平台和应用程序来满足工作、社交、学习和娱乐需求（Comunian & England 2020；Eikhof 2020；Nieborg et al.；2020）。如果在此之前，人们还对平台在公共生活中的核心地位持有保留意见，突发的疫情和随后激增的平台使用无疑加固了平台的地位（Vlassis, 2021）。

不过，尽管存在那些在 TikTok 上一夜成名的故事，大多数文化生产者在这场大流行病中都并不顺利。正如第五章所讨论的，文化产业的工作向来是出了名的不稳定（Gill & Pratt, 2008），平台劳动则更是如此（Close & Wang, 2020）。在全国性封锁的仅仅几个星期内，无数媒体和文化工作者被解雇，自由职业的工作机会也供不应求。塔比莎·布朗的一举成名或许令人神往，但它与 TikTok、YouTube 和 Instagram 上成千上万的时尚和旅游影响者们的职业生涯形成了鲜明对比，这些影响者眼见自己的主要收入来源——广告和赞助费——在逐渐减少（Tsapovsky，2020）。创作者经济的骤然崩溃，致使《名利场》杂志发问："难道这就是我们所理解的影响力的终结吗？"（Bryant，2020）。

信息危机

2020 年文化产业所受到的冲击不仅来自疫情引起的经济危机，还包括一场信息危机。早在这一年的 2 月，世界卫生组织（WHO）总干事谭德赛就发出警告："我们不仅仅在对抗一场疫情

（epidemic），我们还在对抗一场信息疫情（infodemic）。假新闻比病毒传播得更快、更容易，而且同样危险。"他严肃地预言："我们正通往一条黑暗的道路，路的尽头只会是分歧和冲突，别无其他。"（见 Naughton，2020）

受选举干涉和早在新冠肺炎疫情之前就接连不断的"假新闻"危机影响，平台公司本就处于高度警惕状态。面对谭德赛的警告，他们迅速做出了反应。脸书、Twitter 和谷歌开始为有争议的新冠相关信息添加标签，并附上权威新闻来源和公共卫生组织的网页链接（Newton，2020b）。尽管平台已经竭尽全力，虚假信息（disinformation）——就像病毒本身一样——依然以惊人的速度传播。公共卫生组织试图发布经过核实的信息，却不断遭到消息小贩的反攻，后者在 Instagram、Twitter 和 TikTok 上大肆宣扬伪科学的治疗方法。同时，假检测试剂盒在最不可能出现的地方流通，例如领英（Heilweil，2020）。何塞·范·迪克（José van Dijck）和多尼亚·阿利内贾德（Donya Alinejad）在研究这种动态关系时指出，"在一场健康危机中，社交媒体可以被同时用于破坏和提高公众对科学专业知识的信任"（2020：8）。

虚假信息的创造和流通是平台环境中的文化生产不可或缺的一部分，一个最好的例证就是《人祸》（Plandemic）。这段 26 分钟的阴谋论视频由反疫苗活动家朱迪·米柯维茨（Judy Mikovits）出演，2020 年 5 月，它在整个社交媒体范围内都引起了相当大的关注。在对视频制作人米基·威利斯（Mikki Willis）的访谈中，米柯维茨发起了一系列煽动性的指控，包括宣称新冠病毒受到了"操纵"、可以由治疗疟疾的特效药羟化氯喹治愈，并且是全球精英夺取政治权力的密谋的一部分（Funke，2020）。这些言论迅速地被科学依据以及常识推翻。不过,《人祸》成功利用了社交媒体的注意力经济:在被平台下架之前,该视频分别在 YouTube 和脸书上获得了 800 万和 180 万的浏览量(Newton,2020a)。

讽刺的是,阴谋论者为了传播其观点所采取的策略,恰恰是影响者们屡试不爽的,包括与知名 YouTube 创作者"合作"——即与其他创作者"荧幕同框"。例如,米柯维茨出现在了和帕特里克·贝特-戴维(Patrick Bet-David)的访谈视频中,后者是一名拥有超过 200 万订阅者的财经类 YouTube 创作者。此外,这则视频还得到了一些健康和健身类社交影响者、美国国家橄榄球联盟成员以及名人的广泛分享,例如喜剧明星王牌接线员拉里(Larry the Cable Guy)(Zadrozny & Collins,2020)。正如《麻省理工科技评论》的编辑艾比·奥尔海瑟(Ohlheiser,2020)指出,"对任何一名 YouTube 创作者来说,和更有名的大人物合作,或是出演亚文化剧本(subculture drama),都是一种极为可靠的吸引观看和订阅者的方式。"对于"医学怪人"米柯维茨来说,这种宣传显然是有利可图的:对她哗众取宠之举的重新关注使她的书立刻被推到了畅销书排行榜的前列,这样一来,她的作品就披上了一层薄薄的合法性外衣(Dickson,2020a)。

虽然经济和信息的双重危机是由大流行病引起的,但它们表明了平台文化生产中更普遍的不稳定性和不可预测性。正如我们在本书中所看到的,对平台的依赖为各种创意表达提供了新的机会。不过与此同时,我们也观察到它如何进一步强化了文化工作者的不稳定性和各种不平等现象。在此次疫情中,这两种动态关系都得到了充分的展示。由于相对开放的平台市场和基础设施降低了文化生产的成本,并提供了触及大量异质受众的机会,更多的文化生产者——包括那些在过去处于媒体格局的边缘位置的人——都可能在文化产业中发挥更重要的作用。这使得塔比莎·布朗成为一个"不太可能"的爆款明星，但同时也使得朱迪·米柯维茨和米基·威利斯能够将虚假信息传播得更远、更广。在后疫情的世界中，这些动态关系也将持续发挥作用。

在这一章中，我们将分析这些平台化的动态关系如何对民主实践提出了疑问与肯定。在文化生产的语境中，民主实践指的是文化生产者对公共和公民生活的参与。正如戴维·赫斯蒙德霍（David Hesmondhalgh，2019）强调的，文化生产有别于如制造业、农业等其他形式的生产，因为它围绕着的是象征意义的生产（另见 Neff，2012），进而使民主反思和辩论得以蓬勃发展。因此，在文化生产的不同阶段，谁能够参与这个意义建构的过程、他们面临何种条件，以及产生什么样的意义，这些问题都十分重要。

民主理想与紧张关系

技术乌托邦的话语向来强调新兴媒体技术对实现文化生产民主化的潜力（John，2016；Karppi & Nieborg，2020）。不过，一些学术研究已经有效挑战了这些论述。本书的前几章以这些研究为基础，从几个方面进一步复杂化了有关再分配的权力流动的叙事。事实上，尽管传统媒体公司可能失去了一些对市场和基础设施的控制，但这并不一定转化成对个体创作者、记者、应用程序开发者、音乐人等群体的赋权。相反，平台越来越多地治理着特定的文化产业，因为文化生产者将其商业模式和基础设施与平台进行了结合。此外，我们还记录了在文化劳动和创意实践中日益显现的新的紧张关系，这些紧张关系进一步加剧了文化工作的不稳定性，对文化自主权施加了额外的约束。随着平台在文化生产中的地位越来越重要，平等获取、多样性、保障和真实性——这些民主理想的达成将如何变得更加复杂，这是本章结束部分将探讨的问题。

从历史上看，电视、广播、报纸、音乐唱片和电影等大众媒体一直在通过信息和娱乐的创作和编辑策划，来维系不同民主理想之间的平衡。不过，几十年来对大众媒体的批判表明，不同的媒体产业如何维系这样的平衡绝非无可指摘。批评者称，大众媒体机构往往优待那些"权威"的信源和内容，这些内容通过重申社会现状来为占支配地位的政治经济利益服务。由于这些机构与广告商和政府的利益紧紧捆绑，大众媒体通常是保守的（Bennett，1996；McChesney，2015；Wasko，2013）。爱德华·霍曼（Edward Herman）和诺姆·乔姆斯基（Noam Chomsky）在二人影响深远的著作《制造同意》（*Manufacturing Consent*）中，甚至直接将美国大众媒体等同于一个发挥着"系统支持"（system-supportive）功能的宣传体系（2002：381）。

这种批评中的一个重要观察是，大众媒体将那些对既有权力平衡构成威胁的社会力量排除在外。例如，从20世纪60年代末到90年代初，一群媒体批判学者指出，美国和欧洲的社会活动家如何被大众媒体贬低为"异类"或被系统性地噤声（Becker，1967；Hall et al.，2013；Young，1981）。虽然当代研究者对这些早期的批判研究给予了大量的修正，证明在某些特定的情况下，边缘群体可以成为主要的大众媒体信息来源，但共识仍然是，活动家们发现很难在大众媒体中看到他们自己的发声（Cottle，2003；Deacon & Golding，1994；Sakr 2007）。这种评价不仅适用于活动家,还包括任何边缘群体,用拉里·格罗斯(Gross,1991)的话说,即那些"发现自己处于主流之外"的人。

正是在这种批判大众媒体的背景下,一群影响深远的新媒体理论家——从霍华德·莱茵戈德(Rheingold,2000)、亨利·詹金斯(Jenkins,2006)到克莱·舍基(Shirky,2008)、阿克塞尔·布伦斯(Bruns,2008)——将他们对民主表达的厚望寄于互联网和数字平台。在他们看来,互联网将解决那些在大众媒体时代困扰着文化生产的民主问题。事后来看,我们倾向于认为,这些学者对技术重塑更广泛社会、文化和经济不平等的力量的看法过于天真了。同时,他们的乐观主义也是一个文化时代的产物,在当时,人们还不完全清楚"社会"将如何在互联网上留下它的印迹。不过,我们应该注意到,当这些作者拥护数字技术的优点时,也有熟悉网络阴暗面的批评家们提出了其他观点(Chun,2006;Lovink,2003;Nakamura,1995)。

今天,不言自明的是,网络连接和数字平台并不能魔法般地解决这些大众媒介化(mass-mediated)公共领域中的民主缺陷。在许多情况和语境下,平台似乎再现,甚至加剧了既有的不平等现象。值得一问的是,人们为什么会指望来自美国的商业平台会偏离套路呢?正如弗雷德·特纳(Turner,2010)和爱丽丝·马威克(Marwick,2017)等学者表明,硅谷巨头是由一小群拥有极大特权的男性领导的,这群人非常有效地将乌托邦理想与提倡"企业家精神"和"优绩主义"的自由意志主义意识形态混为一谈。①

---

① 最近的案例中,有影响力的前雇员和投资者确实参与了公共反击,但他们往往针对终端用户的个体责任,而非解决平台经济核心的制度性不平等问题(Karppi & Nieborg,2020)。

基于这些考量，这一章将探究：当平台文化生产的社会文化、政治经济现实与历史上和文化产业相联系的民主理想发生冲突时，会出现哪些摩擦？为此，我们呼吁关注四个特定的理想。

首先，为了实现民主的反思和辩论，文化生产者需要平等访问（equal access）创作和分发内容的渠道。出于经济、基础设施和法律方面的原因，这种访问在历史上总是受到一定限制。因此，平台总是被认为挑战或"破坏"了它们所进入产业的正统经济，这些正统经济包括商业模式（即如何赚钱），或者更具体地就文化产业而言，是对中介、生产工具，以及知识产权制度的获取。不过，正如我们在前几章当中观察到的，仅仅关注（能否）访问平台资源就错失了重点。我们应该同样关注在文化生产四个关键环节中：即创作、分发、营销以及货币化，他们获得资源的条件是什么。在所有或其中任意一个阶段，平台都有可能为文化生产者提供新的机会和可供性，同时也会加剧他们之间的不平等。

对民主实践的讨论还必须考虑到多样性（diversity）。这种多样性既指生产文化的多样，也指在不同公众中传播的内容的多样。尽管关于硅谷的乌托邦论述已经流传多年，平台化显然并不是天生就能推动进步的身份政治。相反，针对处于身份交叉边界——包括性别、种族、性、阶级——的文化工作者的系统性歧视，仍然是平台依赖型文化生产中的一个主要问题（Christian et al.，2020；Close & Wang，2020）。此外，平台公司在策划和审核文化内容时，往往倾向于保守主义（Gerrard & Thornham，2020；Gillespie，2018；Zolides，2020）。尽管这些举措通常被宣称为是在尽力"保护"消费者，但它们却暗中对创作者群体和个体文化生产者产生了影响。仅仅在过去几年间，有关平台公司故意隐藏性工作者个人资料、禁止传播性少数者内容，或者默许黑人创作者作品被不知廉耻地挪用的例子就数不胜数（Cunningham & Craig，2019；McCluskey，2020；Parham，2020）。

第三，只有当文化生产者在内容和服务的创作、分发、营销、货币化的过程中受到保护、免于伤害时，文化生产才能被视作是民主的，尽管文化生产者的安全一直受人关注（这点在新闻业尤甚），但这个问题被置于平台环境中时则变得更加严峻。平台市场和基础设施的相对开放性使文化生产者面临被骚扰和欺凌的风险（Vickery & Everbach，2018；Lawson，2018）。在考察这些平台如何尝试解决这一问题（并往往以失败告终）时，安全（safety）和自由表达（free expression）这两个民主理想之间的紧张关系就变得尤为突出。

最后，文化生产之所以被认为具有民主价值，是因为它生成了值得信赖的内容。我们将讨论通过平台得到广泛传播的"虚假信息"如何重新引发了关于新闻和信息真实性（truthfulness）的长期争辩。反思当前的信息危机，我们呼吁关注真相生产中的一个显著转变，这一转变在平台化的背景下更是得到了加速（Waisbord，2018）。尽管在世界范围内，它以何种方式具体呈现有着许多差异，但对关心新闻和信息真实性的文化生产者来说，这一转变是一项普遍的挑战。

访 问 权

鉴于平台构成了相对开放的市场和基础设施，它们似乎——至少在表面上——解决了文化生产资料获取上的障碍。正如克莱·舍基总结的，有了数字传播，"每个人都是一个媒体"（Shirky，2008：55）。这种"平台允许所有人成为文化生产者"的观点，在创作者经济的叙事得到了极大的响应。借鉴安吉拉·麦克罗比（McRobbie，2016）对文化产业"创意装置"（creativity dispositif）的阐释，我们注意到，今天的媒体宣扬了这样一个神话：社交媒体具有天然的民主性且携带"一条向所有人开放的、通往成功（事业）的道路"（Duffy & Wissinger，2017：4664）。最近，佐伊·格拉特（Zoë Glatt）呼吁关注"普遍存在于行业内部人士和流行媒体再现中的一种迷思——即社交媒体创作远比既有的文化产业更加开放和平等"（Glatt，2021；Bishop，2020）。但正如相关研究所表明的，平等访问、平等机会的话语，有效地遮蔽了平台文化生产中的等级制度和不平等。

当然，这些结构性的不平等部分要归于制度性因素，其中包括边界资源的可访问程度。正如我们在第三章和第四章所言，API、SDK、工具、相关的用户指南，以及文档的出现使得文化生产者能够与平台进行整合。不过，在实践中，对这些资源的访问权并不是平均分配的。平台公司会通过合作伙伴计划、徽章和认证，向某些特定的互补者（最突出的例子是传统媒体公司）优先给予可访问权（Helmond et al.，2019）。

以 YouTube 的合作伙伴计划为例，罗宾·卡普兰和塔尔顿·吉莱斯皮（Caplan & Gillespie，2020）将该平台多样的激励机制概念化为一种"分层治理"（tiered governance）的表现。有研究发现，YouTube 背靠的谷歌会根据人气指标对不同类型的创作者区分。通过令人眼馋的"合作伙伴计划"，谷歌允许那些拥有较高活跃度粉丝的创作者进入一个所谓的"创作者空间"——即由 YouTube 管理和运营的实体工作室。其次，他们还为拥有超过 10 万订阅者的合作伙伴提供一个专门经理。但反过来，合作伙伴计划处在 YouTube 更大的等级体系中。这个体系包含被列入平台"白名单"、可以出售自己广告的传统媒体机构，"由第三方多渠道网络支持的频道"，以及"谷歌优选频道"（Caplan & Gillespie，2020：6）。这些体系内部成员被授予的奖励揭示了平台对优绩主义的动员是何其敷衍。虽然任何一个创作者都能够将他们的视频上传到 YouTube，但是，在创作者有效变现内容的能力这方面，存在着深刻的等级制度。

当然，向特定的文化行动者和机构给予优待是平台商业模式的一部分。在这种资本主义经济中，YouTube 不均衡的奖励分配是合乎情理的。这种不均衡系统也是游戏产业的一大特点。21 世纪初，由于数字分发兴起，"独立"游戏工作室开始出现，并有望取代统治游戏产业的企业巨头。理论上，新一代的游戏平台，尤其是移动平台，降低了内容创作和分发的基础设施门槛。虽然独立发行和出版已经成为当代游戏产业不可或缺的一部分，经济学研究却发现，发行商掌握的"互补性资产"（complementary assets）——例如营销技能、和平台公司的关系，以及品牌价值——仍然具有非凡的意义（Broekhuizen et al., 2013）。像电子艺界和动视暴雪这样拥有数年历史的游戏发行商依然是世界上盈利最多的游戏公司。虽然我们应该注意，不要笼统化这些观点并将其投射到其他文化产业部门，但这些发现都表明，传统机构具有持久的重要地位，以及对于文化生产者来说，和平台公司培养可持续的关系是至关重要的。

如果说，游戏产业的历史揭示了"平等的访问权将颠覆权力流转"这一承诺在分发环节中的可疑性，新闻业则使我们看到，对平台边界资源的访问如何影响了营销和货币化的过程。和游戏产业相似，那些能够获得资源的新闻机构——无论新旧——在和平台策展的有效协商方面都处于更有利的地位。同样，资本雄厚的公司可以向数据密集型生产实践投资，使他们在内容营销上占据强大的战略优势。在这个意义上，平台新闻生产一直在经历一个"工业化"过程——这不仅会导致货币化机会的分配不均，还会导致参与公共对话、公民生活的能力的差距。

这种差距揭示了新闻业的发展轨迹，这种轨迹与在世纪之交被大肆宣扬的"新闻报道的民主时代"相去甚远。和上文详述的技术乌托邦主义一样，在20世纪初，人们普遍对互联网新闻持积极态度（Atton，2003；Rosen，1999）。所谓的"公民"记者，或者"过去充当受众的人"，被认为有可能"利用他们所拥有的新闻工具互相提供信息（inform）"（Rosen，2008）。最初与这种新闻生产模式相联系的是博客和另类新闻网站，例如独立媒体中心（Indymedia）。随后，有关民主化新闻的积极论调的重点转向了社交媒体，尤其是Facebook、Twitter和YouTube（Papacharissi，2009；Wall，2015）。在这些平台上，公民记者的实践被认为具有重要的民主意义，这不仅是因为他们加强了新闻制作过程的参与性，还因为这些平台能够对专业的、制度性的新闻形式起到修正作用（Bruns，2008；Gil De Zúñiga et al.，2009；Kaufhold et al.，2010）。

当然，根据我们之前对不平等访问和不对称权力关系的观察，这些说法是不可靠的。例如，对某些抗议报道的研究显示，尽管大量公民新闻在社交媒体上流通，但主流新闻机构依然主导着这些有关抗议活动的新闻（Aday et al.，2013）。更重要的是，出现在新闻消费者面前的公民内容，是由主流新闻机构策划和分享的（Nanabhay & Farmanfarmaian，2011）。这样的例子凸显了传统新闻机构作为把关人持续的重要性（Wardle et al.，2014）。正如新闻学者尼基·厄舍在这个背景下观察到的，"网络流量的分配模式、内容在社交网络上的散播及新兴的社交发现公司（social discovery companies），加强了媒体机构对公民内容的控制"（Nikki Usher，2017：248）。这种观点与我们对平台化过程中文化产业权力关系转变的评估极度吻合：平台往往无法对资源重新分配、进而控制它们。在平台上获得可见性，意味着需要大量的资源和连接——而这些正是公民记者通常缺乏的东西。相比之下，新闻机构不仅天然就具备追随者，还能够使用专门的数据工具，例如脸书的 CrowdTangle，以及 Chartbeat 的实时数据分析和优化工具（Petre，2015；van Dijck et al.，2018）。因此，尽管平台促进了公民记者的新闻生产，但平台化的政治经济使得这种机会不太能够转化成新闻分发的普遍民主化。

同样，在娱乐文化产业中，只有少数文化生产者能够从平台提供的访问权中获得经济利益。在回应流媒体音乐究竟是否对"对音乐人不利"这一挥之不去的问题时，戴维·赫斯蒙德霍讲道："与过去相比，也许现在有更多的音乐人能从录制音乐中赚钱。但很清楚的是，目前的体系保留了令人触目惊心的不平等和普遍恶劣的工作条件，这些都是前流媒体时代的特征。"（Hesmondhalgh，2020：18）

这种评价同样适用于文化生产的其他领域，在这些地方，只有非常有限的生产者才可以获得持续的公共关注（Duffy，2017；Glatt，2021）。不过，尽管现有的研究能够使我们勾勒出平台和不同类型文化生产者之间动态关系的轮廓，但这些关系究竟是如何组织的，这一点还有待观察。研究者缺乏特定文化产业部门中关于收益分配的可靠经济数据，包括这种分配在不同的内容类型、地区或者子平台（platform subsidiaries）之间会有怎样的差异。除此之外，研究者仅仅刚刚开始考虑不同的平台可见性制度——治理框架和算法策展——如何影响了经济机会和平等（例如 Bishop, 2019；Caplan & Gillespie, 2020）。更详细的经济对比还需要进一步的研究。

多样性

上一节中，我们讨论了平台依赖型文化生产是如何被与"访问"的民主概念有关的紧张关系所构造的，而这一节，我们则转向了多样性的问题。我们将论述这两个概念是息息相关的：在平台文化生产中，访问权和机会在性别、种族、性、阶级和民族方面的分配似乎是不平等的。在讨论这些问题之前，我们首先需要考虑多样性这一概念。

正如菲利普·南波利所阐明的，有关文化生产多样性的论述往往使我们援引"观点的自由市场"这一框架。该框架的假设是：一个运作良好的民主制度依赖于各种来源的内容进行最广泛的传播。根据这一论点，我们可以将多样性理解为一个多层次概念，其中包括"来源多样""内容多样"和"媒介接触多样"（Napoli, 1999：11）。由于我们的研究聚焦于平台和文化生产者之间的关系，前两类观点——来源和内容的多样性——最为相关的。在此，这些观点如何与生产文化（cultures of production）中创作者多样性的广泛理想相联系，解决这一问题十分重要。

对于大众媒体来源多样性的概念化总是聚焦在三个层面，即多样性在内容所有权、媒体机构所有权，以及媒体机构内部劳动力的体现（Napoli，1999）。将这一概念模式迁移至平台环境中会立即引申出一些复杂问题和关键点。首先，在平台情境中，内容所有权是一个极为棘手的问题。正如第二章和第四章所言，齐心戮力、想要逃避责任和知识产权许可费的平台公司们，并不宣称对平台互补者分享的内容拥有所有权。不过，他们却宣称有权分发、使用、复制、修改，以及翻译这些内容（Gillespie，2018）。同样，虽然美国的平台公司长期以来一直回避"媒体"的称号（Napoli & Caplan，2017），但作为聚合者，他们对平台市场中一系列制度性关系的范围和规模起着终极决定性作用。因此，平台形塑了文化生产者提供的内容和服务——尽管比起大众媒体来说，这是一种更为间接的方式。这表明，在平台生态系统中，内容的所有权并不是衡量多样性的恰当指标。

我们再来看媒体机构的所有权。尽管在一个平台市场中可能有形形色色的媒体机构在运作，但平台本身只掌握在少数几个大公司手中。从这点来说，罗伯特·麦克切斯尼（McChesney，2015）和艾里·诺姆（Noam，2009）等人批判研究过20世纪的大型传媒集团，这些批评如今得到了更大的平台公司的补充。由于这些公司对媒体机构在平台市场中的运作，以及与平台基础设施的整合进行了精密的治理，平台所有权的过分集中可以被视作是平台文化生产缺乏多样性的一个重要线索。这一论点同样适用于劳动力的多样性。从总体人口来看，平台的文化生产者也许是多样化的，但最重要的地方在于，平台公司如何设定各种条件，使不同种类的生产者能够创作、分发、营销，以及货币化他们的内容与服务。

我们已经在第五章中详细论述过，平台公司在这方面的所作所为已经劣迹斑斑。它们往往会进一步加剧文化产业中有关劳动关系的结构性不平等。

根据传统媒体行业的相关文献（例如 Saha，2018），和媒体来源多样性紧密相关的一个问题是内容多样性。南波利明确指出，"旨在提高来源多样性的政策，通常建立在来源的多样会促进内容的多样这一假设之上"（Napoli，1999：14）。传统上，内容多样性指的是：（1）节目类型的形式；（2）思想和观点；（3）媒体内容中人物的人口学统计数据（性别、种族、年龄、阶级、民族、性）。在大众媒体情境下，这些形式的内容多样性本就很难被衡量和管理，而平台的内容规模之庞大，使得这一方面的系统性评估就更成问题。

然而，我们在本书中看到的是，平台市场的一大特点是强大的"赢者通吃"效应。与大众媒体时代的票房大片和榜首热单相比，平台的头部作品往往具有更大的影响力。平台经济中一直流行着有关多元主义和进步身份政治的论调，这些论调认为平台化会促进多样化内容的创造和传播，但眼前的现实却与之背道而驰。《连线》杂志主编克里斯·安德森（Anderson，2006）曾对"长尾经济"（long tail economy）做出了大胆的预测，认为数字分发在提供多样的内容和服务方面拥有无限潜力，这一预测曾受到大肆宣扬。但最近，安德森的观点已经被彻底推翻（Elberse，2013；Napoli，2016）。平台化远远没有实现这个多元主义的乌托邦。尽管平台的确标志着多样化内容的数量增加，个人用户也的确可以消费更多不同的产品，但总体而言，他们持续聚集在少数热门作品上。我们有必要重申，平台治理框架没有真正打破这些累积性的网络效应（Rietveld et al.，2020）。这意味着，处在边缘的文化生产者依旧很难建立可持续的业务并获得可见性。因此，从民主实践的角度来看，媒体来源和内容的多样性是紧密相连的。

斯图亚特·坎宁安和戴维·克雷格对社交媒体娱乐的观察证实了平台情境下多样性的矛盾性。一方面，功成名就的YouTube创作者（包括那些亚裔美国人和性少数者社群）"活动家式的职业轨迹"（activitist trajectories）显示了进步身份政治取得的重大进展。他们指出，性少数者创作者公开分享的个人历程"不仅仅局限于出柜，还显示出他们在声援性少数者群体和其他进步主义问题方面越来越多的政治参与"（Cunningham and Craig，2019：186）。而另一方面，在政治立场和商业考量（包括广告赞助的条件）之间，"活动家式的创作者"不得不维系一种微妙的平衡（Cunningham and Craig，2019：220）。

重要的是，无论平台公司如何锲而不舍地声称自己的中立性，它们都持有维系或破坏政治与资本之间平衡的力量。据报道称，YouTube通过各种各样的算法歧视妨碍创作者的内容货币化，例如下架或删除使用了"跨性别"等词汇的视频（Alexander，2019）。事实上，在2019年，一群YouTube创作者曾向这一谷歌子公司提起诉讼，认为YouTube"对内容的非法监管、分发和货币化，对原告以及更广泛的性少数者社群造成了污名、限制、封禁，并最终在经济上损害了他们的利益"（Ohlheiser，2020）。同期，曾被誉为"性少数者互联网之灵魂"的TikTok也陷入了平台涉嫌歧视的指控。YouTube和TikTok上同性恋群体的案例表明，当代平台对扩大或阻挠边缘群体的发声都有着重大影响。

没有什么比涉及性的地方更能体现平台对内容的压制。在传统文化产业中，艺术与色情制品之间的界限一直是饱受争议的，因为它具有主观性，并和不同文化、宗教和政治背景之间的巨大差异有着紧密联系（Tarrant，2016）。但近年来，在某些类型的性表达的社会接纳度方面，平台对相关公共话语的形塑发挥了越来越重要作用（Gillespie，2018；Paasonen et. al，2019）。这也是为什么Instagram 在 2019 年遭到了猛烈抨击——该平台宣布将对那些被认为是"性暗示"的内容进行降级[①]，无论这些内容是否符合平台的用户协议条款（Cook，2019）。对 Twitch "性内容"审核的研究也显示了一种类似的保守主义形态（Ruberg，2020；Zolides，2020）。

另一个关于内容多样性的显著案例是 OnlyFans。该订阅型平台从 2016 年诞生后就得到了迅速的发展，尤其以性工作者创作的色情内容而著称。不过，在 2020 年，当它即将成为一个主流平台时，许多性工作者发现他们的账号由于违反了 OnlyFans 的用户指南而被停用甚至注销（Dickson，2020b）。在平台的许可规定中，诸如此类的模棱两可——如果不是直接的歧视的话——敞开了无意识的偏见之门。一名 Instagram 账号以情色艺术为主的创作者向《赫芬顿邮报》（Huffpost）的杰斯林·库克（Cook，2019）坦言：

>   "我只能猜测什么是能发的，什么是不能发的，并暗暗祈祷最好的结果……这些规则不是黑白分明的，它们模糊得不能再模糊了。算法怎么能够区分一个只穿着内衣的女人、一个在海滩上穿比基尼的女人和一个健身模特？它们在哪里划清界限？"

[①] 指相关内容不会出现在首页、推荐或话题标签中。如果用户通过 Instagram 链接贴纸分享相关贴文，这些用户的帖子在其粉丝的限时动态中的排名也会下降。——译者注

换而言之，不仅是有关性的内容受到了压制，从根本上说，平台压制内容的标准究竟是什么也没人知道。

对于性内容的监管随着地区和民族习俗的不同也有所差异。苏珊娜·帕森宁（Susanna Paasonen）、凯利·贾瑞特（Kylie Jarrett）和本·莱特（Ben Light）将平台在划分不雅内容（NSFW）[①]和可接受内容（SFW）时的作用描述为一种文化边界工作（cultural boundary work），他们提醒我们，"由于这些最大的社交媒体平台起源自美国，监管淫秽色情的标准大多是根据美国文化特有的社群标准定义的，这些标准迎合其各种商业伙伴的偏好，具有明显的保守性质"（2019：40）。反观BigoLive，这一直播平台来自新加坡，却在印度具有相当大的影响力。因此，我们再一次见证了特定国家对（女性）身体监管的标准如何相互冲突。虽然BigoLive的高管声称要遵循"当地的规则和规范"，并雇用了数十名来自印度的审核员以管控涉及"低俗、色情和不雅裸露"的内容，但这很难具体落实到实践中（Mandavia，2019）。此外，一些分析人士指出，女性创作者在该平台往往受到了不公平的对待。互联网自由基金会（Internet Freedom Foundation）主任阿帕尔·古普塔（Apar Gupta）在代表这些创作者发言时辩称，"如果有足够的保障措施来确保这些女性的安全，自愿的性表达就不应该受到惩罚，平台监管需要关注用户是否认可、服务条款的内容，以及它们是否被严格执行"（Mandavia，2019）。古普塔的这一评论不仅呼吁人们重

[①] 即"工作场所不宜"（Not Safe/Suitable For Work）的缩写，指某些不适合上班时段观看、可能会冒犯上司或同事的内容，多指裸露、暴力、色情或冒犯等不适宜公众场合的内容；后文SFW为"工作场合适宜"（Safe For Work）的缩写。——译者注

视全球范围内平台强制性规范带来的挑战，也要关注平台治理中的困难（见第四章）。

我们可以从这些例子中得到的是，虽然平台对边缘化群体做出了坚定的承诺，但它们持续通过利用大规模的算法策展和审核系统来强化保守的价值观。克莱尔·萨瑟顿（Clare Southerton）和她的同事指出了平台在建构规范性框架方面的作用：

> 通过确保这些机制可以被修正、以充分区分生理性别（sex）和性（sexuality），YouTube 和 Tumblr 的回应建构了一个没有欲望的酷儿主体，这些主体被视为这些网络社区的性"良"民（the "good" sexual citizen）。平台的内容审核政策试图培养这样一种信念：对性少数者友好包容的未来是可能的。而这种信念的前提是，性（sexuality）与酷儿的性认同（sexual identity）各自为营。这样，只有当酷儿身体不被性化（sexualized）时，他们才能成为可接受的"内容"（2020：13）。

当然，对公民身份的规范并不限于性少数者群体。相反，平台在促成或抑制各种多样性的表达方面都发挥了关键作用。

平台公司以及它们因整齐划一而声名狼藉的工作文化，并没有能力驾驭错综复杂的身份政治。在商业利益和国家特定规范的指导下，这些公司在策划和审核文化内容时往往会偏向于保守的一方。同时，当文化生产者的内容被删除或因算法和其他审核机制而变得不可见时，他们几乎没有申诉的机会。因此，无论是从来源还是从内容上看，平台和文化生产者之间的相互作用都使得对文化多样性的追求变得更加复杂。

保 护

正如上一节所述,如果平台的内容审核过于严厉——或者更恰当地说是过于不平衡,文化生产的民主实践就会受到威胁。但是,过度审核并不是唯一的问题。某些情境下的审核缺失同样会造成隐患——尤其是当文化生产者容易遭遇网络仇恨和骚扰的时候。在一个民主的公共领域,文化生产者应该受到保护,免受各种程度和种类的伤害。尽管这似乎是不言自明的道理,但这一点可以和自由表达的理想产生矛盾。文化生产者、政治利益相关者或匿名终端用户也许会将表达自由作为批评、诋毁或威胁他们不同意的创作者的正当理由。

在讨论平台在仇恨和骚扰中所扮演的角色之前,我们需要承认文化生产者的脆弱是历史性的。事实上,文化内容的创作者长期以来一直面临着这份职业与生俱来的风险:演员遭人尾随,音乐人受人围堵,小说家则是仇恨邮件的接收者——所有这些,都可能是他们在一个强调象征性或文化性表达的行业中谋生的后果。但最重要的是,与上述职业相比,记者们不得不面对更直接的人身安全威胁(Carlsson & Pöyhtäri, 2017; Siapera, 2014)。在政治动荡时期,全球范围内的记者所面临的风险当然也会加剧。2018年,英国人权组织 Article 19 的一则报告发现,记者的安全风险已经达到了历史性的巅峰,"保护表达和信息自由的代价已经高不可攀:死亡、拘留及恐吓笼罩着全球各地的传播者和活动人士,有效讨论和交流的空间正陷入重重困境"(Waterson, 2018)。

文化生产者和受众之间的直接线性沟通在平台文化生产中增

添了另一层伤害，即潜在的网络化仇恨、骚扰及引战（trolling）（Phillips，2015）。边缘群体——包括女性、有色人种以及性少数者群体——尤其容易成为目标。社会学家莎拉·索比耶拉（Sarah Sobieraj）在研究网络环境如何培养了对立时描述到，"针对参与公共讨论的女性的性别歧视是源源不断的"，包括"女性记者、学者、政治人物、活动家和博主，她们经常发现自己成为侮辱的对象"。更重要的是，她补充说，"基于身份的攻击已经变得如此普遍，它们已经被常态化为不可避免的事物，只要你是一名参与数字公共生活的女性，这就是'理所当然'的事情"（2018：1701）。

最近，一项对美国和加拿大的女性记者、非常规性别（gender nonconforming）记者的调查显示，绝大多数人认为，网络骚扰已成为她们职业的最大威胁（Westcott，2019）。西尔维奥·威斯波德（Waisbord，2020：2）提出，近年来网络骚扰急剧增加的一个关键原因在于"公众接触新闻工作室变得更加容易，以及记者和新闻机构在数字平台拥有了可见性"。这种接触和可见性是由新闻机构推动的，他们期望记者通过社交媒体和受众进行接触（Chen，2017；Coe et al.，2014）。吉娜·马苏洛·陈（Gina Masullo Chen）和她的同事对75名女记者进行了访谈，发现受访者已经制定了一系列策略来对抗网络暴力。这些策略包括"限制在网上发布的内容、更换报道的故事，以及运用技术工具来阻止人们在记者的公共社交媒体页面上发布攻击性言论"（2020：878；另见 Lewis et al.，2020）。总而言之，这些描述显示了记者和更广泛的文化生产者在平台生态系统中的脆弱性。

除了新闻业以外，在针对女性文化生产者的平台骚扰中，另一个知名案例是"玩家门"（Gamergate）事件。这场所谓的"运动"始于 2014 年，当时，引战者对数名知名女性游戏开发者、记者和学者发起攻击、网暴，其中包括强奸和死亡威胁（Mortensen，2018；Nieborg & Foxman，2018）。阿德里安尼·马萨娜丽（Adrienne Massanari，2017：333）提请大家注意，促使"玩家门"支持者联合起来的平台环境，特别是 Reddit，"同时作为了协调和骚扰的途径"，其主要原因是它缺乏核心领导。其次，平台的自由表达文化意味着"Reddit 的管理员拒绝以任何有意义的方式介入内容纠纷，他们的理由是，Reddit 作为一个讨论平台，其角色是公正或'中立'的"（2017：339；另见 Reagle，2013）。但无论 Reddit 所谓的中立性究竟如何，记者和学者，尤其是女性，都在这些攻击中首先受到伤害（Chess & Shaw，2015）。

而在其他情况下，平台却已经通过封禁或关停账号的方式介入仇恨和骚扰的网络化表达，尽管这种监管的总体影响可以说是微乎其微。以《捉鬼敢死队》（*Ghostbusters*）演员莱斯利·琼斯（Leslie Jones）在 Twitter 上的遭遇为例，她在 2016 年成为了那些引战者的目标，受到了大量种族主义和性别歧视推文的攻击。琼斯之后向她的粉丝坦言，她感觉自己仿佛身处"人间地狱"（Fisher & McBride，2016）。尽管 Twitter 最终做出了回应，对其中一个主要攻击者采取了封号处理，但许多人依然认为平台的做法只是杯水车薪，并且为时已晚。凯特琳·罗森针对此案例进行了研究，她指出，针对琼斯的攻击凸显出大量相互关联的"平台脆弱性"（platform vulnerabilities），这其中包括社交媒体平台在打击骚扰行为上的无能——"有色人种妇女的脆弱性，以及另类右翼（alt-right）的崛起和明确的种族歧视、厌女行为的主流化之间的关联"

（Lawson，2018：819）。鉴于自 2010 年以来网络骚扰已经变得如此普遍，这些脆弱性对整个平台文化产生了巨大影响，对作为民主实践空间的平台构成了潜在的挑战。

在"可见性就意味着脆弱性"的逻辑下，Instagram、TikTok、YouTube 和其他平台上的创作者也成为网络对立的受害者，对于边缘群体来说更是如此。近年来，关于社交媒体名人正面临肆无忌惮、遁名匿迹的网络仇恨和侮辱的报道层出不穷，这些攻击目标中有许多是 TikTok 上的跨性别创作者（Perrett，2021）；还有大量美国的社交媒体影响者，他们被批评——用一位批评家告诉《卫报》的话说——"把抗议当成了科切拉音乐节"（Paul，K.，2020）。在后者中，据称位于洛杉矶的创作者克里斯·沙泽尔（Kris Schatzel）在上传了一张她在"黑人的命也是命"抗议队伍中的照片后，收到了数以百计的死亡威胁（Paul，K.，2020）。这些事件都绝不是孤例。相反，它们再次证实了平台生态系统中蔓延开来的控诉文化（call-out culture）——在这种文化中，各类文化生产者都经常在平台上遭遇仇恨、骚扰，抑或公开羞辱（Duffy，Miltner，et al.，2021）。此外，平台向创作者提供的相关应对或回避机制非常有限。面对这种模式化的骚扰，一些文化生产者被迫直接退出文化产业。

毫无疑问，在平台依赖型文化生产中，"自由表达"这一概括性保证因为结构性的不均衡而变得更加复杂，尤其是当文化实践和社会身份政治纠缠不清时。因此，平台往往必须在冲突各方对民主理想的要求之间做出平衡，以免受来自公众的抨击，同时保护那些寄居在该平台的文化生产者。

真 实 性

平台作为民主空间这一乌托邦想象需要面临的另一威胁是所谓"假新闻""虚假信息"或"网络化宣传"（network propaganda）的激增（Benkler et al., 2018；Shu et al., 2017；van Dijck et al., 2018）。在不同的文化和背景下，都存在许多阴谋论者和社交媒体影响者、极端主义新闻网站、假新闻企业家、政治家和政府，利用社交媒体蓄意散播谎言——并在某些情况下取得了非凡的效果（Vaidhyanathan, 2018）。这些凭空捏造的信息往往模仿新闻的形式、借鉴现有的流行观点，被用于影响选举和公民投票、挑战公共机构并攻击政敌（Bennett & Livingston, 2018；Fletcher et al., 2018）。虽然这种信息危机已经超出了文化产业的范畴，但平台和各类文化创作者是其核心所在。这一节中，我们将讨论文化生产的平台化如何给关于新闻和信息真实性的长期争论制造了新的紧迫性。我们将看到，当前的信息危机是如何在多个层面同时上演的。它涉及文化生产者和受众之间（虚假）信息的交流，但同时又镶嵌在国家、平台和文化生产者之间的关系当中。

正如许多学者所观察到的，"假新闻"这一概念本身就问题重重。首先，它暗示存在类似"真实""准确"或"客观"的新闻——这种想法至少从19世纪末开始就受到强烈的质疑（Schudson & Anderson, 2008）。更重要的是，这个词已经有了各种截然不同的用途。当它在美国成为一个流行术语之后，很快就被民粹主义右翼所"占用"，以驳斥批判性新闻报道和主流媒体机构（Benkler et al., 2018；Boczkowski & Papacharissi, 2018）。同时，当某些孤陋寡闻的记者喋喋不休地抱怨"假新闻"时,这个词往往把信息危机归咎于错误的知识或无知的受众。但是,正如西尔维奥·威斯波德(Waisbord, 2018: 1868-70)所言,虚假信息的泛滥是一种结构性转变的症候,这种转变即"认知民主(epistemic democracy)的崛起"和"旧的新闻秩序的崩溃"。公众越来越缺乏共同的认识论——这是建构共同真理的基本条件。在这样的配置中,真理具有内在的争议性。虽然旧新闻秩序的崩溃由来已久,并受到政治、经济和文化发展的复杂组合的驱动,但平台化无疑更加推动了它的发展。平台公司提供了相对开放的市场和基础设施,使来自不同背景和地区的文化生产者能够发展竞争性的媒体网络,从而传播特定的真理主张。

考虑到信息危机基本的意识形态性质,大多数批判学者更倾向于使用"虚假信息"和"网络化宣传"的概念,以表明它们具有意图性和组织性。[①]从这个角度来看,这些观点的广泛传播并不只是特定的、有机的用户活动的结果;相反,它们是高度协作而成的。就像我们在前文中提到的公民记者一样,由阴谋论者、社交媒体影响者和极右翼新闻网站创作和分享的内容只能通过平台触及大众,因为这些内容的传播都镶嵌在更大的媒体生态系统中(Bounegru et al., 2018)。正如爱丽丝·马威克(Alice Marwick)和

---

① 虚假信息(disinformation)是指"以新闻报道或伪纪录片为形式、为了达成政治目标而被蓄意传播的不实信息"(Bennett & Livingston, 2018: 124)。它可以与"错误信息"(misinformation)相区分,后者被理解为"无意传播的不准确信息,(传播者)没有恶意"(Weedon 等人, 2017: 5)。本克勒(Benkler)等人(2018: 24)将网络宣传(network propaganda)描述为"一个媒体生态系统的架构如何助推(或阻止)这些类型的操纵和谎言的传播"。

丽贝卡·路易斯（Rebecca Lewis）在她们关于美国虚假信息的报告中所观察到的：

> 很大一部分网络引战者、玩家、空想家和阴谋论者都持有超强的影响力，在媒体操纵中发挥了独特的作用。作为这些网络的重要节点，他们具有夸大特定信息，使一些边缘观点获得主流报道的权力（2017：20）。

这一结论也与尤查·本科勒等人（Benkler，2018）的分析相吻合。他们探究了 2016 年美国总统选举前 Twitter 和脸书上的信息分享所遵循的模式，并发现基于平台的虚假信息传播是由一个紧密结合的右翼媒体网络促成的，这个网络不仅包括激进的右翼网站，也包括一些广播机构，其中主要是福克斯新闻。

核实新闻及信息对记者来说尤其具有挑战性，与此同时，平台的崛起使核实新闻及信息在全球范围内变得更加复杂。一方面，对于新闻和信息真实性的关注促进了一系列事实核查措施的制定。这些措施意料之中地深受平台公司的拥护（Graves，2016）。各平台一致否认自己作为公共话语仲裁者的角色，并试图将内容核实的工作外包出去。另一方面，当前的信息危机改变了传统新闻机构在公共领域中的地位。后者在生产、合法化以及核实内容方面持续发挥着关键作用，但却不再是公共话语的唯一把关人，不再控制着什么（不）能出现在公众面前、什么（不）是新闻。在认知民主中，传统媒体只是真相制造（truth-making）过程中的众多参与者之一。这使得斯蒂恩·斯滕森得出结论，新闻正被推向"一个超越正确和错误、真实和虚假的二元论的新的认知取向"

（Steensen，2019：185）。在他看来，这种新的取向要求我们将对"新闻来源的批评作为态度与实践"，鼓励记者不仅要核实新闻和信息，也要保持新闻来源的政治、文化的倾向和趋势的透明。换而言之，新闻"正被推向展示不确定性"（Steensen，2019：188）。

结 论

在 21 世纪初，人们热情迎接了脸书、YouTube、Twitter 和微博等平台的问世。这些平台凭借其相对开放的市场和基础设施，通过允许各种处于文化产业边缘的各种生产者创作、分发、营销和货币化他们的内容和服务，许下将实现文化生产民主化的承诺。然而，更详细和批判性的评估却显示，平台依赖型文化生产的经济和文化现实，与文化产业历史性的民主理想之间存在着摩擦。本章表明，平台和民主之间的联系是充满矛盾的。

首先，我们注意到，不同类型的文化生产者的平台工作条件是有着极大差别的。与个体文化生产者相比，大型媒体公司通常拥有更多访问平台边界资源的特权，他们能够更有效地在其业务中运用这些资源。因此，公民记者、社交媒体创作者、独立游戏开发者等文化生产者往往很难通过平台获得公共可见性。从民主的角度来看，平台依赖型文化生产在访问权和机会方面的差异尤其棘手，因为这些差异映射到性别、种族、性和民族方面历史性的不平等。尽管有一些来自边缘群体的文化生产者能够利用平台达到解放的目的，但我们认为，这些都是例外。在广告商利益的引导下，平台公司通常采取保守的方式来策划和审核文化内容，限制了进步身份政治的空间。

其次，我们已经看到，平台市场和基础设施的相对开放性为仇恨言论、骚扰和虚假信息的扩散提供了便利。当这类内容的流通受到了包括媒体组织和国家在内的机构行动者的助推时，它就成了一个地方性问题。虽然人们普遍认为这些问题亟待解决，但本章也表明，不存在任何轻而易举或直截了当的解决方法。正如我们在第四章中所看到的，平台回避了它们作为编辑的角色，反而吹嘘一种所谓的"中立性"。而当平台公司审核内容时——此举往往是出于商业利益的考虑——它们不可避免地会受到关键的利益相关者对平台审查的指控。面对平台无法充分治理公共传播的情况，文化生产者正在制定新的策略，以保护他们自身的安全，并为新闻和信息的评估做出贡献。虽然文化生产者可能会找到适应平台环境的方法，但平台文化生产的现状，显然与最初设想的民主乌托邦相去甚远。

第八章
结论：权力

虽然平台向文化产业进军已经十年有余，但全球大流行病似乎强化并加速了脸书、亚马逊和字节跳动等公司在重新配置文化生产方面所发挥的作用。这些平台公司的上升极其迅速，有时甚至是相当剧烈的。收益、利润、市场份额、活跃用户，以及平均用户使用时长——种种迹象都表明，平台拥有令人惊愕的强大权力。

不过，这些平台的企业喉舌总是对平台的影响轻描淡写地使用同一套说辞：平台——他们向我们保证——仅仅是用户的工具而已。的确，每当平台高管们向监管部门为其累积的财富进行辩护时，他们都希望人们关注构造了整个平台生态系统的激烈竞争（Hindman，2018）。他们辩解到，在这个过度饱和的市场中，竞相争夺用户注意力的平台之间只有"一键之遥"。这种对市场竞争的一致援引在某种程度上是真实的：已经有成千上万的初创公司推出了我们大多数人闻所未闻的应用程序和平台——并且，它们很有可能永远无人问津。以 Quibi 为例，尽管该短视频应用在 2020 年获得了数十亿美元的投资，但最终由于未能笼络足够的用户而被迫关停（Lewis，2020）。而像谷歌、亚马逊或者脸书，除了强烈的政府干预，我们似乎很难想象会在短期内迎来它们的终结。

激励我们撰写此书的，是超越反映平台主导地位的量化指标——例如收益和利润，并为平台环境中的权力关系和流动提供一个更广阔的视角。目前，学者已经在平台社会（van Dijck et al.，2018）、平台文化（Cunningham & Craig，2019；Tiidenberg & Nagel，2020）、平台经济（Couldry & Mejías，2019；Srnicek，2017；Steinberg，2019），以及平台治理（Gillespie，2018）的背景下对这些相互关系进行了富有成效的探索；也有学者追溯了某单个平台公司的历史，例如脸书（Bucher，2021；Vaidhyanathan，2018）和Twitter（Burgess & Baym，2020），或者是某单个平台，例如Instagram（Leaver et al.，2020）、YouTube（Burgess & Green，2018）和微信（Chen et al.，2018）。这些研究往往要么关注平台公司的权力，要么转而关注终端用户的活动。通过这样的方式，它们思考了从"数字支配"（digital dominance）（Moore & Tambini，2018）到算法偏见和歧视（Benjamin，2019；Eubanks，2018；Noble，2018）等一系列重要的批判性问题。

我们的目标是，通过探究众多高级平台市场中的关键角色（即文化生产者）的制度性位置和文化实践，对以上考察做出补充。在这本书中，我们将文化生产者定义为广泛从事象征性产品的创作、分发、营销以及货币化的行动者和组织。我们所称的平台子公司——例如字节跳动的TikTok、脸书的Instagram和谷歌的YouTube——它们的大部分经济价值和文化意义都攫取自创意创业者和媒体公司所提供的内容与服务。尽管文化生产者和终端用户之间存在着许多交叉，但我们之所以聚焦于前者，部分是希望唤起对他们独特的制度性位置的关注。与终端用户不同，平台依赖型文化生产者必须小心翼翼地与平台不断演化的商业模式、工具文件、界面标准、用户指南及审核制度进行调和。毕竟，他们的生计取决于此。

为了探索平台和文化生产者之间的关系，我们采取了一种跨学科的方法，借鉴了商业研究、批判政治经济学、软件研究、媒体产业研究以及文化研究。尽管这些领域的文献就平台和文化生产者之间不断变化的关系已经产出了丰富的洞见，它们却鲜少进行有效的对话。这本书通过提供一种整体性方法对这一学术空白做出了回应，我们展示了市场、基础设施和治理中的制度性变化如何在根本上与劳动、创意和民主的文化实践的转变交织在一起。

这一方法允许我们：第一，考察平台和文化生产者之间的关系是如何在既有的市场、基础设施和治理框架中形成并持续存在的。这并不是说，平台化将激进地取代文化产业中普遍的权力关系。相反，我们正见证的是文化产业中一些长期的趋势、问题以及紧张关系得到了激化，其中的大多数早在脸书、腾讯和亚马逊的诞生之前就已经存在。因此，我们应该避免从"元年"着手进行对某一平台的分析，忽视了文化产业中出现在平台崛起之前的长期趋势和发展。① 为了避免掉入平台本质主义的陷阱，这本书考察的是，在文化生产的制度性关系和新兴实践中，有哪些新的变化以及旧的延续。

第二，我们考察了不同文化产业部门中平台和文化生产者的

---

① 谢谢戴夫！

关系——尤其关注游戏、新闻、音乐和社交媒体——这些部门在过去总是被独立研究。我们认为，平台公司们所制定的相似的经济机制、"依赖（平台）"的基础设施关系，以及治理框架是如何在不同的产业部门、以不同的方式被协商、采纳或拒绝的。同时，平台和文化生产者在劳动、创意和民主方面经历的紧张关系，具有明显的一致性。

第三，我们同时观察到，在平台和文化生产者的关系上，不同的产业部门和地理区域存在着显著的差异。这些差异与特定产业的制度性历史和文化情境紧密相连。但是，它们也受文化生产者的特定策略的影响。由于平台化不仅仅是一个自上而下的过程，同时也受到文化生产者实践的形塑和驱动，因此，它具有多种不同的具体形式。

在这最后的总结中，我们将反思我们的分析所带来的主要收获，并为未来有关平台和文化生产的研究勾勒出一份研究议程。首先，我们将从一个制度性的角度讨论，当文化的创作、分发、营销和货币化通过平台得到组织时，权力是如何进行转变的。其次，从文化实践的角度，我们继而关注权力如何在平台、文化生产者及其他互补者之间的互动中流通。最后，我们将探究在不同产业和文化情境中平台化所带来的变化。

制度性权力

就权力而言，我们努力解决的一个关键问题是，文化生产的平台化是否要么涉及资本和控制的中心化，要么是去中心化。作为反方，我们引用了戴维·赫斯蒙德夫的呼吁，"承认矛盾是对资本主义体系下的文化生产进行批判性分析的一部分"（Hesmondhalgh，2019：433）。换而言之，中心化和去中心化的过程往往是并存的。我们提供了一个关于平台化的制度性视角，并表明权力是如何以看似矛盾的方式在产业部门中的各类文化生产者之间、在文化生产者和平台之间进行转变的。

这种制度性角度建立在商业研究、软件和平台研究，以及批判政治经济学的基础之上。将平台理论化为"多边市场"，商业研究——战略管理、正统经济学和信息系统研究——为我们提供了一套分析平台生态系统中一系列制度性关系的概念工具（Constantinides et al.，2018；Rietveld & Schilling，2020；Tilson et al.，2010）。相反，软件和（批判性）平台研究的工作加深了我们对于平台基础设施和围绕这些网络、系统、门户及工具发展的不平衡关系的理解（Helmond et al.，2019；Plantin et al.，2018；van Dijck et al.，2018）。尤其有益于我们进行制度性分析的是商业和平台研究的交叉研究，它们侧重关注数据基础设施和平台边界资源（Gawer，2020；Ghazawneh & Henfridsson，2013）。最后，对批判政治经济学文献的借鉴确保我们意识到，制度性关系归根结底是一种社会安排（social arrangements）（Mansell & Steinmueller，2020；Mosco，2009；Srnicek，2017）。这些在平台、文化生产者和其他互补者之间的安排，往往是不平等和不对称的——它们向来如此。因此，我们这一方法的新颖之处在于结合了这些学科传统的理论和概念，以回溯经济、基础设施和治理权力的转变如何在文化生产的平台化之中相互接合。

由于平台权力是关系性的，我们的研究认为它具有内在的动态性。多边市场的存在和发展得益于平台公司聚集终端用户和文化生产者的能力。如果不能吸引和维系终端用户、文化生产者及其他互补者,任何平台公司都将不可避免地走向消亡。因此,平台——或者更准确地说,平台的商业模式和边界资源——持续地在对文化生产者保持"更开放"和"更封闭"之间摇摆。学者帕诺斯·康斯坦丁尼斯(Panos Constantinides)及其同事称,这是"数字平台的生产性、民主性力量与数字基础设施的垄断性、控制性力量"之间的"矛盾的紧张关系"(Constantinides et al., 2018: 389)。

开　放

让我们先从平台的"生产性力量"开始。早期对于平台的论述都关乎它们的开放性。而近年来,无论是公共论调还是学术研究中,这一方面正逐渐被人们对平台约束的关注所掩盖。头部平台公司不断膨胀的市值,以及它们在充分治理用户方面所遭遇的失败,使得人们将注意力重新转向它们的控制。但是,如果要理解平台是如何在文化产业不同部门中获得如此核心的角色的,我们必须要承认它们吸引以及维系数以百万的文化生产者的能力。

其中一点就是我们在第二章所讨论的,平台构成了相对开放的市场。平台公司,或者更确切地说,它们的子公司,使得文化生产者能够向终端用户进行内容、服务的分发与营销。终端用户构成了一个平台市场的"需求端",对于大型平台公司来说,这种需求端往往具有全球性的规模。这种转变——即文化生产者在向全球受众提供文化产品时,经济和基础设施门槛的降低——是前所未有的。各领域的文化生产者——从传媒公司(例如报纸发行商、游戏工作室和唱片厂牌)到个体创作者——都在这种准入门槛的降低中获益。即便如此,对文化生产者而言,加入一个平台市场意味着进行一些特定的交易,因为这些市场具有"垄断倾向"(Srnicek,2017:48)。YouTube、Instagram、微信等其他平台的高市场份额缓和了文化生产的不确定性,允许他们从众多竞争者之中脱颖而出。所导致的后果就是,试图向终端用户分发内容的文化生产者,越来越被迫将他们自己的商业模式与主导的平台子公司结合。

平台提供的经济机会与平台边界的基础设施开放密不可分。正如我们在第三章中讨论的,为了促进对基础设施的访问,平台公司提供了一系列"边界资源"(Ghazawneh & Henfridsson,2013),允许文化生产者在内容创作、分发、营销和货币化过程中借助平台的经济和物质可供性。边界资源使平台可以聚合一系列制度性连接,让文化生产者通过平台自行组织文化生产的关键环节,减少他们自己运营基础设施的成本。随着平台的壮大,平台基础设施往往变得愈加全面,这为文化生产者提供了一个诱人的价值主张,使他们将自己的系统、网络和工具与平台的进行整合。

表面上,开放平台市场和基础设施似乎在各个行业都推动了权力的去中心化进程:个体生产者——创作者、记者、游戏开发者与音乐人——可以不用再依赖于传统媒体公司的分发能力展开内容传播。但是,这种权力的移交是否真的得到有效落实是有待商榷的。我们可以回忆第七章讨论的内容,平台公司对"民主化"的乐观承诺,实际上遮蔽了一系列新的代价、约束和不确定性。

文化生产的经济现实依然适用于整体。也就是说,任何规模的文化生产者都仍然面临着"头部作品的动力"(blockbuster

dynamics），也就是说，只有小部分赢家或明星能得到奖励。这些动力帮助解释了传统媒体公司，尤其是像华特迪士尼、贝塔斯曼和威望迪这些跨国媒体集团为何持久拥有权力。这些公司能够充分利用既有资产（例如资本、持续的制度性关系、品牌与个体工作者的技能），使它们拥有相较于个体文化生产者和新进者而言更加显著的优势。

为什么需要对有关平台"开放性"的喝彩保持一种适当的怀疑态度，平台市场的政治经济学提供了另一个理由。尽管平台的确降低了文化创作和分发的成本，但这些好处和效率很大程度上也被新的竞争压力所抵消：数字市场的可访问性转化成了文化人才与日俱增的供应，从而也加大了竞争。因此，一个重要的后果就是，营销的要求也被不断提高：文化生产者需要能够运用精密的数据分析并具备推广的专业知识。毫无疑问，一些个体创作者获得了成功——看似是在一夜之间。但是，维系这种成功往往需要持续的资源供给（Duffy，2017）。这种需求在"成熟"的平台市场中尤为明显，例如 YouTube 和应用商店（Bärtl，2018；Bresnahan et al.，2014；Nieborg，Young，Joseph，2020；Rieder et al.，2020）。

控　制

平台市场同时利用了各种治理工具来控制其平台上内容、服务的种类和分享方式。为了刺激受众及收益的增长，同时也为了保护它们的品牌免受法律责任的影响，平台公司敏锐地意识到，它们的魅力主要来源于平台能够减少各种形式的市场摩擦。终端用户不希望在无尽的平庸无奇的内容中浪费时间，文化生产者则希望他们的交易是安全且标准化的。这就要求平台公司对谁在什么条件下可以获得它们的市场和基础设施做出清晰的界定。当文化生产者调整自身商业模式并将其基础设施与平台整合时，平台的治理框架——正如在第四章中讨论的——就会形成一套法则，规定什么能通过、什么不能通过平台边界资源得到实现。同样，通过算法和编辑的策展和审核，平台决定了文化内容的可见性和可发现性。因此，在依赖平台的行业，我们可以同时观察到少数几个平台公司对权力的集中化以及基础设施和政治权力的中心化。

平台边界资源和可见性制度极快的变化速度，导致文化生产者的地位极不稳定。我们将这种飞速的变化称为平台演化。随着自身日益增长与成熟，平台以某种模式化的方式进行演变：对 API 推陈出新；改变货币化方案、合作伙伴计划及策展系统；更新算法和审核实践等（Helmond & van der Vlist，2019；Rietveld et al.，2020；Arriagada & Ibáñez，2020）。正如我们在这本书中一直强调的，平台在治理方面细微的变化，也可以产生极大的经济和文化影响。相应地，依赖平台的文化生产者需要实时调整他们的运营，这有可能使得他们很难建立持续稳定的业务。

另一个需要留意平台演化的原因在于，它似乎和文化生产者个人议价能力的起伏保持一致。在平台的早期发展中，平台公司热衷去吸引文化生产者，因此会向他们提供更多有力的经济条件。但是，由于平台吸引了越来越多的互补者，个体文化生产者就变得越来越缺乏经济价值。换而言之，文化生产者在平台上的不稳定性越高，平台就变得越成功。

未来方向

虽然我们对于社交媒体、游戏和新闻业的描述表明了平台生态系统中的制度性关系是如何成形的，但仍有很多地方亟待学者挖掘。例如，尽管进入新平台市场的文化生产者能够获得短期的好处，但我们对基础设施整合带来的长期影响知之甚少。文化生产者如何权衡加入平台的利益与平台演化所带来的结构性不确定性的代价？在平台经济中，赢家和输家都是谁？什么样的因素促使前者获得成功？他们的成功在多大程度上能够持续下去？目前，这些问题只得到了部分解决，因为商业研究学者很少对文化生产者及其他互补者的经济和社会文化窘况感兴趣。同时，媒介和传播研究学者又在很大程度上回避了对平台的实证经济分析。

有关基础设施整合的不确定性引申出进一步的研究问题。我们知道，文化生产者通过边界资源获得了平台基础设施的访问。但是，关于平台公司提供资源的确切种类，平台公司向谁、在何种条件下提供资源，以及这些条件如何随着时间而改变，这方面的学术研究却少得令人吃惊。同样重要的还有对商业资源的替代品的考虑。是否存在相对独立于平台的工具和基础设施？如果没有，我们是否应该开发？它们将会是什么样的？最后，从文化生产的角度探索平台基础设施，我们发现学者和文化生产者都很难对平台的能力和演化获得一个全面的理解。这部分是由于平台基础设施的相对不可见性——也正因如此，提出批判性的质询就变得更加紧迫。

基础设施的研究视角不可避免地导向平台治理的问题。平台边界是如何被管控的？更具体地说，通过提供边界资源，平台公司使什么种类的文化内容与服务成为可能或不可能？它将对文化规范和表达形式产生何种影响？以及，文化生产者如何与这些资源中的限制和变化进行协商？平台治理一直是媒介和传播学学者研究议程中的重点。但是，除了一些个别案例，大部分研究主要集中在平台和终端用户之间的关系上。因此，在分析平台的策展和审核时，我们也要问，是哪些种类的创意内容和文化服务获得了突出的可见性、可被发现性——以及为什么如此？反之亦然，哪些内容和服务受到了平台的禁止和抹杀？这和传统媒体的可见性制度有显著区别吗？平台治理和基础设施是密切相关的，边界资源和经济机会的政治同样如此。我们非常渴望知道，平台策展和审核的变化如何影响了不同产业部门中文化生产者的收入？这对不同种族、性／性别、民族方面的社会公正有何影响？以及，文化生产者如何策略性地适应这些变化？

生产性权力

本书的后半部分考察了具体的劳动、创意及民主实践是如何在平台和文化生产者的互动中发展的。尽管这种这些实践受本书前半部分考察的制度性权力关系的形塑，但它们也表示了另一种不同的权力——一种在制度性框架的实践、协商和争议中显现出来的权力。简而言之，这些实践构成了平台文化生产的现实情况。通过考察这些实践，我们回溯了权力是如何在平台、文化生产者和其他一系列互补者之间的关系中循环的。因此，权力被认为是具有生产性的（Foucault，2012；Rose，1999），因为它生产了特定的工人主体性和责任、不平等形式、可见性制度、逻辑种类及意义建构的模式。通过强调平台依赖型文化生产的这些规范性层面，我们试图说明平台和文化生产者之间的互动如何镶嵌在更广泛的政治经济和社会文化关系之中。从这个更宏观的角度出发，我们观察到了文化生产实践与过去相比有哪些延续性和断裂性，同时也再次挑战了关于平台的论述中过于常见的"元年"谬误。

我们的探究既建立在大量媒介与传播学的子学科基础之上，也试图与它们产生对话，其中包括媒介社会学、传播政治经济学与批判性文化研究。我们将有关劳动的论述置于一场跨学科讨论之中，这种跨学科性是由当代的媒体工作特征（Deuze，2013；McRobbie，2016；Neff et al.，2005；O'Brien et al.，2016）以及形塑了它的工业背景酿成的（Havens & Lotz，2017；Hesmondhalgh & Baker，2015；Mayer et al.，2009）。可见性——包括与之相对应的不可见性——为我们对于平台依赖型文化工作的分析提供了丰富的概念工具，正如它们对平台和（或）零工经济研究的价值（Gray & Suri，2019；Roberts，2019；Sannon & Cosley，2019）。针对平台中万花筒般千变万化的创意实践，我们对于创意的讨论借鉴了乔纳森·斯特恩所说的"互联网的文化研究"（cultural studies of the Internet）（Sterne，1999：260）。鉴于人们对平台相关的人、过程以及产品的兴趣激增，我们考虑，或许"平台的文化研究"（cultural studies of platforms）本身就可以作为一个独特的子领域（Burgess & Baym，2020；Striphas，2015）。最后，借鉴政治经济学、传播社会学以及批判性文化研究（Napoli，2016；Usher，2017；Waisbord，2018），我们从民主的角度对于平台化的评估进一步发展、拓宽了这些研究路线。

个体化和商业化

尽管人们对平台寄予了重振劳动力市场、复兴创意表达的厚望，与文化产业的平台化相伴的却是工人个体化与商业化的强化。在第五章中，我们讨论了平台公司如何系统性地躲开了对互补者劳动的责任。通过将自身定义为中介而非雇主，平台公司回避了传统雇主-雇员关系中所应当承担的法律义务。正如这些公司不想对通过其平台得到分享的内容与服务负责一样，当涉及进行内容创作、分发的文化生产者的经济福利和社会福祉时，它们也试图逃避责任（Sterne，1999）。因此，这些工人被指派为独立合同工——或者更委婉地说——创业者（Tiffany，2019）。尽管这种经济配置通过经济自由和灵活性的意识形态而被持续合理化，但在现实中，它将平台依赖型文化劳动者置于了一个极为不安全和脆弱的位置（例如Mehta，2019）。在创作者和社交媒体影响者的语境中，这种劳动者的脆弱性尤为明显，许多文化劳动者为了维持生计需要拼凑各种不同的收入来源（Duffy, Pinch, et al., 2021；Glatt，2021）。

当然，这些工人配置和劳动实践绝不是自然的或不可避免的。相反，它们可以被放置到一个历史的时间轴上，早在Youtube职业者和创业新闻兴起之前就已经出现。正如许多学者和文化分析者所指出的，近几十年来，新自由主义的就业结构调整导致了社会责任和风险的个体化（Neff，2012；McRobbie，2016；Ross，2009）。在全球范围内，社会保障体系缩减、工会组织面临来自企业的压力，以及劳工权利损害都深刻加剧了劳工的不稳定性

（Harvey，2007）。因此，从历史的角度来看，平台和文化工作者的关系延续了20世纪以来的政治经济趋势。同时，依赖平台的文化中介既强化又缓和了这些发展。经纪公司、广告商和分析公司尤其帮助了文化生产者对其平台运营进行优化。通过这种方式，中介们为文化生产者提供了一个动力，让他们将自己更加深入地整合到平台的数据基础设施中。

为了保持重要的地位，个体文化工作者和组织需要认真地追求一系列可见性指标——点赞、收藏和分享。这些推广实践似乎和文化生产作为创意表达这一老生常谈的理想相冲突。事实上，政治经济学家和传媒业学者早就认为商业需求是对创意过程的一种约束。尽管对商业媒介环境的批判性关注主要集中在新闻业上，但对于泛滥的推广主义（promotionalism）的顾虑也激发了学者们对于音乐、电影、杂志等其他行业的研究（McAllister，1996；Wasko et al.，2011）。而在21世纪早期涌现出的实践——原生广告、品牌内容及超个性化的广告——并没有使这些顾虑消散（Einstein，2016；Turow，2011）。在各种平台中，数据驱动的广告已经从根本上与生产过程的方方面面结合起来。其中的许多做法，从游戏直播中无缝植入的商业信息，到平台新闻分发中无处不在的原生广告，再到影响者被推广覆盖的产品测评，都引发了人们对于透明度和消费者信任的担忧（Serazio & Duffy，2017）。尽管组织为了保护终端用户，试图避免商业内容的不公开行为，但还存在一个更不明显但又同样紧迫的顾虑，就是自我市场化对文化生产者的影响（Gandini，2016；Hearn，2010；Marwick，2013）。

不平等

早期关于平台和文化生产的论述中的热情,大部分已经被后期关于平台危险的描述所削弱,其中许多危险在事后看来都很明显。尤其是关于民主化,人们开始呼吁关注构造了平台环境的严酷的不平等,纠正了这一叙事。在许多情况下,依赖平台的文化生产反映了现有的社会偏见和不平等(Bishop,2019)。在第五章中,我们提供了一个(不)可见性的框架,呼吁关注文化工作和劳动背景下系统性的等级制度。在各个平台上,"幕后"的劳动比比皆是:从社交媒体营销人员和优化专家,到创作者的星探,再到程序员和软件开发人员。在某些情况下,尽管这些工人相比其他社会群落来说更为隐蔽,但是他们享有相对较高的专业地位。

平台依赖型文化工作者——哪怕是那些从社会经济角度来看高度可见的人——往往在政治上是不可见的,他们缺乏法律和(或)监管支持。这种保障的缺乏使得工人进一步变得原子化,从而变得不稳定。当然,平台化文化生产中的"个人精神"(individual ethos)并没有完全阻挠工人建立团结的尝试。相反,从游戏玩家群体(de Peuter & Young, 2019),到社交媒体影响者工会(Niebler, 2020),再到缓和算法系统不稳定性的巧妙策略(O'Meara, 2019),挑战平台权力的行动数不胜数。2020年末,有一场关于为内容审核员——那些确保平台是一个"干净、安全"的文化消费环境的人(Gillespie, 2018)——建立工会的争论(Morar & Martins dos Santos, 2020)。尽管这些人在文化分发中扮演了重要的角色,但他们相对来说缺乏社会地位和工作稳定性——更不要说还要长期接触"互联网最糟糕的东西"（Dwoskin et al., 2019）——这使得他们在社会上是不可见的。正如罗伯茨有效的提醒，这种不可见性很大程度上是"被设计出来的"（Roberts, 2019）。

这种例子证实了，平台可见性和不平等性在社会层面上错综复杂地交织在一起。正如我们在第七章中所讨论的，平台在各种创意表达的分发方面具有巨大的潜力。但在实践中，数字分发并不与可见性画上等号，因为还有资源和规模持续形塑着文化内容流通的方式。与个体文化生产者相比，大型媒体公司不仅拥有能获取更多平台边界资源的特权，也具备更多的专业知识和财政手段来有效地将这些资源整合到它们的运营中。由于缺乏这种实质性的组织性支持，公民记者、小游戏制作者、音乐人和创作者在通过平台接触大量受众时都面临着阻碍。

此外，参与数字公共领域的能力仍然表现出在性/性别、种族、阶级、和民族方面的不平等和排他性（Christian et al., 2020; Duguay et al., 2020; Noble, 2018）。大受欢迎的平台和应用程序，包括 TikTok、YouTube 和 Instagram，一次又一次地受到种族主义、性别歧视和恐同的指控。人们已经发现，对于长期处于边缘的文化生产者的内容，这些平台子公司进行结构性的模糊处理，在某些情况下甚至阻挠这些内容的变现（Parham, 2020）。依赖平台的公民参与受到猖獗的仇恨言论和骚扰进一步压制（Lawson, 2018; Sobieraj, 2018; Waisbord, 2020）。平台可见性的风险不仅威胁着个体文化生产者，也排除了一个自由流动的创意公共领域。因此，平台化向更多的社会参与者开放文化生产的同时，也强化了这个过程中的结构性不平等、等级制度和风险。

逻辑和意义生产

特定的逻辑和意义生产的结构支撑了公众参与和文化生产当中发生的这些转变（Gillespie，2014；van Dijck & Poell，2013）。我们在第六章中讨论到，在平台依赖型文化生产中，平台度量是如何集中整合到文化生产者的运作中的——我们称之为指标逻辑。这种衡量失败和成功的量化指标不仅由平台提供，还受到广告商、人才机构和数据中介的积极推动。文化生产者在努力提高其内容和服务的可见性时，似乎都拥抱了这种逻辑——尽管他们的态度常常是矛盾的（Morris，2020；Nieborg & Poell，2018）。虽然这种数据化的过程可以被解释为文化生产的理性化（rationalization），但在实践中，平台数据和算法常常重现了社会歧视和既有的不平等。

尤其困扰平台化研究的一个问题是，文化产业中对平台数据的密集使用，往往也伴随着人为编辑形式的策展（Bonini & Gandini，2019）。依靠平台的媒体公司——从新闻机构到游戏发行商和唱片厂牌——依然需要依赖编辑人员的决策，这些决策参照了这些指标，但并不一定由它们所决定（Cherubini & Nielsen，2016；Petre，2015）。我们在前面论述过，由于传统媒体公司在平台环境中仍然扮演着核心角色，这些编辑的决策对什么能变得高度可见具有重大影响。在这方面，大众媒体以往的把关作用非但没有消失，还越来越深地嵌入到一个由平台构造的环境中。因此，平台化并不是引入了一种新的逻辑，而是不同的策展逻辑在这个过程中纠缠不清。

这种多层次的媒体景观与认知民主（epistemic democracy）的出现有关，它指的是公众对民主规范和价值的共同理解的瓦解

（Waisbord, 2018）。再一次，我们在这里看到的不是一个新的趋势，而是已经持续了数年的转型。平台化助推了这一发展，使那些帮助文化内容进入公共领域的网络渠道成倍增加。尽管对平台的访问被解释为公共传播的民主化，但由于大众媒体不再全权掌控意义建构的社会过程，这也是一项重大挑战。当真理本身存在争议时，就很难为民主政治找到共同基石。

未来方向

对于平台化规范层面的探索引发了一系列未来研究的问题。从文化劳动开始，我们需要促进对与平台依赖型工作和职业有关的情感条件的理解。文化工作者如何感知责任和风险个体化、平台可见性的持续需求所造成的压力？这些工作者为改善其在平台环境中的社会生存条件、地位以及薪酬，发展出了哪些策略？他们如何提升自己的"政治可见性"，以获得法律和监管系统的保护？从政策制定的角度来看，我们需要考虑如何解决平台劳动的社会经济不平等：为实现文化产业中更公平的平台劳动关系，我们需要什么样的政策和法律？

未来的研究也需要了解，哪些的创意表达的内容和形式是受平台激励的，以及与之相反的，哪些却受到平台的惩戒。在不同的产业部门，平台数据和指标在形塑创意实践的过程中扮演了什么样的角色？谁在利用这些指标？为了达成什么目的？其中尤为紧迫的，是反思数据化和指标化的伦理问题，这并不仅仅指终端用户的隐私保护，还涉及它们对于创意自主权的影响。与之直接相关的问题还有，我们如何评估品牌内容和其他推广形式的伦理，尤其是在人们很难区分付费内容与有机性或"原真性"文化表达的情况下？这些问题不仅与文化生产者和他们的产品有关，也与向普罗大众传播的内容有关。

这让我们想到了作为民主实践的文化生产。很明显，平台的文化生产在许多方面达不到平等访问、多样性、保护及真实等重要的民主理想。这种差距使我们必须更好地了解如何根据这些理想来评估平台环境中的文化生产。由于在过去这些价值主要由大众媒体操作，它们不能被直接迁移到平台的文化生产中。我们应该如何设想平台的访问、多元、安全和真实？谁来确保平台依赖型的文化生产符合这些民主理想？平台的不平等与更广泛的偏见、歧视与排斥的社会形式有什么关系？最后，对于这些不公的结构，我们如何能够在最大程度上做出挑战？

变 化

平台化不是一个统一、单向的过程；相反，它高度依赖于它所出现和形成的语境。在特定的语境和文化时刻都有特定的权力关系和生产实践，对平台的文化生产进行配置。我们在三个相互关联的层面发现巨大的差异：（1）产业部门；（2）文化生产的阶段；（3）地理区域。

产业部门

正如我们在书中所论述的那样，产业部门在历史、实践、商业模式调整和基础设施整合方面有很大不同。一些文化产业部门——

例如游戏和社交媒体——从一开始就与平台整合在一起,而那些时间跨度较大的产业——例如新闻和音乐——往往有更多制度性的"肌肉记忆",使它们更善于独立运作。这种自主性可能是个体文化生产者策略性选择的结果,但它也在很大程度上归功于特定文化形式的"性质",例如,作为软件的游戏必然与平台联系在一起。

在探索这些关系时,我们注意到了文化生产的平台依赖型模式和独立于平台模式之间的关键区别。在本书所深入研究的产业细分领域——社交媒体、游戏和新闻——的语境中,我们发现了既依赖平台,又独立于平台的制度性关系和文化实践。创作者经济是一个文化生产者严重依赖社交媒体平台的行业,这也许并不令人惊讶。但是,虽然个别创作者倾向于将他们的精力投入到特定的平台——Twitch 上的直播者,Instagram 上的时尚影响者,以及 TikTok 和 YouTube 上的艺人——但平台生态的不稳定性正在挑战这种单一的平台模式(Cunningham & Craig,2019)。越来越多的社交媒体创作者开始在每个平台特有的分发和货币化策略的基础上打磨跨平台品牌(cross-platform brands)(Scolere,2019)。社交媒体创作的跨平台性质扩大了劳动投入,同时,它也为创作者提供了更大的独立性。

对于游戏工作室和发行商来说,这种独立性在大多数情况下是不可想象的。游戏开发工具,如大受欢迎的 Unity 游戏引擎,已经从根本上降低了各种规模的团队创建虚拟世界的门槛。但是,平台对游戏发行,尤其是数字发行的控制仍然很强。只有少数几个平台主宰着游戏行业的各个细分领域——从移动应用程序到电脑游戏,从社交游戏到主机游戏。截至目前,即使新一代的独立游戏开发者可能已经不再依赖传统的游戏发行商,但他们集体对少数平台公司的依赖却有增无减。

和社交媒体和游戏相比,新闻业务从历史上来看是完全独立于平台的,也就是说,新闻内容的创作、分发、营销和货币化并不依附于某一个具体渠道或平台。当然,这也不是说新闻业完全没有外部压力和束缚。新闻机构长期一直受市场需求、广告商的期待,以及政治影响的制约。但是,平台的出现对新闻机构的独立性构成了一项新的挑战,尤其是在新闻的分发和货币化两个方面。尽管人们已经普遍对这一挑战有所感知,但不同新闻机构在如何定位自身与平台的关系这一问题上有巨大的差异。新成立的、天生数字化的出版商往往高度依赖于平台,它们遵循平台原生的出版策略,将分发、营销和货币化实践与脸书和谷歌的做法进行整合。平台指标往往是这些出版商的运营核心。但是,传统报纸和平台之间则有着更加复杂的关系。表面上,每一家报纸都试图通过搜索引擎和社交媒体来吸引它们的受众,但许多报纸并不愿意将其分发和货币化的基础设施与之完全整合(Nielsen & Ganter, 2018; van Dijck et al., 2018)。

新闻机构之间的这些差异表明,平台和文化生产者之间的关系有极大的变数,这不仅体现在不同的产业部门,行业内部也是如此。在音乐产业中也可以观察到类似的差异,部分产业试图保持独立于主要商业平台的状态,例如 Spotify 和 Apple Music。这种努力的基础是另类的"唱片厂牌、经销商和唱片店(保持独立)的历史传统,以及对音乐人、受众等争取更大程度集体自主权和控制权这一问题的特别关注"。在平台环境中,这种传统已经在另类音乐平台有所体现,例如 SoundCloud 和 Bandcamp,它们为音乐人提供了更多独立性和自主权。鉴于这种差异,我们试图避免对平台化进程做出笼统的、决定论的阐释。相反,我们探索了特定类别的文化生产者在特定时期和历史关口是如何组织他们的实践的。

文化生产的阶段

尽管文化创作、分发、营销和货币化的过程在实践中是相互交织的,但在分析上,这些阶段的划分有利于我们理解平台依赖性如何随生产过程的时间、地点而有着巨大的不同。在每个阶段,文化生产者都有着或多或少的选择来独立于平台进行运作。

在创作阶段,我们观察到平台公司都试图将自己宣扬成开发内容和服务的空间。它们象征性地收取一笔费,提供制作软件,或者将软件套件或工具集直接整合进平台本身。后者使文化生产者能够不用参加大量培训或购买额外软件。但是,我们应该注意到,在创作阶段,不同的文化生产者对平台工具的依赖程度有很大不同。新闻在很大程度上仍然是在没有此类工具的情况下制作的,而社交媒体创作者和游戏开发者对它们极为依赖。

我们可以明确分发阶段的平台依赖性,因为平台是凭借聚合受众而存在的。它们提供了触及大量不同终端用户群体的机会,而这些用户可能很难通过其他渠道接触到。此外,平台吸引力还在于其低廉的分发成本。大多数平台不向文化生产者收取分发费用,这是对过去做法的重大突破。在传统市场中,如音乐、新闻和主机游戏,实体分发(即运输、制造、协调)的成本向来高昂。同时,与分发的基础设施的整合意味着放弃某种程度的控制。也许这并不奇怪,这种重新分配在那些历来独立于平台的产业中引发了关注。在新闻业,主要的新闻机构在加入平台原生的内容打造计划和追求独立的分发策略之间摇摆不定。

最后，我们在营销和货币化阶段也可以看到类似的趋势和关于平台依赖性的冲突。平台对定价和交易标准化、组织化，声称可以减轻文化生产者自己安排这些活动的负担。然而，在实践中，文化生产者的货币化策略并不是单一的。广告收入仍然是平台依赖型文化生产的固定收益来源，但同时也存在大量的替代渠道，例如订阅、捐赠、微交易（例如 Johnson & Woodcock，2019；Taylor 2018）。我们可以在移动游戏应用产业中找到那些与平台的营销和货币化能力紧密结合的突出案例，作为一个价值数十亿美元的行业，移动游戏应用产业经历了一场商业模式的剧变。但在货币化方面，大多数文化生产者并不完全依赖平台。例如，音乐人仍然可以通过商品销售或在平台之外举办现场音乐会来获得收入（Hesmondhalgh，2020）。对于生产者来说，在依赖平台和独立于平台的收入形式之间找到"正确"的平衡，是一项复杂、艰巨的任务。

地区差异

虽然几个主导平台公司的影响力可能几乎是全球性的，但这些影响会镶嵌在国家的体制框架中，并随着特定文化地域的不同而进一步演化。因此，即使平台试图干预或"破坏"现有的规范和关系，它们也无法做到完全脱身。美国的平台长期被当作衡量其他一切的标准，硅谷因此成为"科技行业"的同义词。公平地说，尽管我们尽了最大努力，本书也没有完全摆脱这种模式。我们在很大程度上都援引美国的公司作为案例，我们描述的规范——从企业家精神到不稳定性——大多都来自西方（Matthews & Onyemaobi, 2020）。但是，由于文化生产的平台化触及全球各地的文化和政治生活，我们有必要超越以美国为中心的视角——无论是概念上还是经验上。这意味着，在研究平台化过程如何重新配置文化生产时，需要强调具体国家、地区和超国家（supranational）的语境（Abidin, 2019；de Kloet et al., 2019；Steinberg, 2019）。

为了不局限于美国案例，我们特别关注了中国的平台实体：微信、快手、抖音/TikTok 和斗鱼。对中国的研究不仅突出了平台化的过程在不同地区有如何巨大的差异，而且还揭示了这一过程可以如何牵涉政府的核心角色。在中国，国家和市场应该被视为一个整体，这意味着平台也属于国家的范畴。与美国不同，中国政府将平台公司视为媒体组织，因此平台公司必须遵守政府制定的严格的内容传播法规（Hong & Jian, 2019；Lin & de Kloet, 2019；Wang & Lobato, 2019）。这种国家—市场关系对平台的管理、审核以及平台的民主实践的范围具有深远的影响。

为了建立一个真正的全球视角，我们不应该把中国的平台公司和文化生产实践视为异域的（exotic），而应该视为独特的（distinctive）。事实上，它们走的是一条特殊的道路，就像美国的平台和产业一样。为此，我们应该保持对美国平台发展轨迹的具体性（specificity）的认识。这样做使我们可以认识到平台劳动是在福利国家的普遍缺席的情况下形成的。在这种情况下，文化劳动的不稳定性成为学术界关注的一个紧迫问题。同样，对美国平台的虚假信息运动的研究揭示了高度党派化（hyper-partisan）的媒介生态系统的重要影响，以及大众对新闻机构的信任下降的现象。虽然我们可以在任何地方观察到劳动的不稳定性和虚假信息的问题，但美国特定的体制框架和媒体环境同样具有特殊性，应该得到特殊关注。

未来的方向

尽管我们的探究表明，对平台化具体案例的观察不能被笼统化（generalized），但对平台化过程中的许多变化的分析是可以系统化的（systematized）。在我们的方法的基础上，我们可以提出以下几组问题来定位我们的研究，并解释与文化生产平台化有关的发现。

第一步是考虑所考察的特定细分行业。这个领域在历史上是依赖平台还是独立于平台？如果是前者，我们可以问，这种依赖是来自内容的"天然属性"（例如游戏），还是主要来自在分发、营销和货币化方面对平台的依赖（例如社交媒体）？在研究历史上独立于平台的某一产业部门时，一种有效的方式是考虑平台依赖性是如何随着时间的推移而演变的。是否有特别的发展促使文化生产者与平台整合？例如，新闻和音乐业的收益下滑，促使这些行业的文化生产者转向平台进行内容分发和货币化。通过深入了解特定细分行业与平台的关系，以及这种关系如何随着时间的推移而变化，我们可以对当今文化生产者的策略选择有一个更准确的认识。

第二组问题涉及文化生产的阶段。研究主要集中在创作、分发、营销还是货币化阶段？根据所研究的细分行业，每个阶段都有不同形式的平台依赖性和相关挑战。在内容创作中，平台依赖如何挑战了文化生产者的创作自主权？平台依赖度在分发环节中日益提高的后果是什么？这对文化生产者控制特定内容和服务的可见性的能力有什么影响？当平台成为文化内容营销和货币化的核心时，经济的可持续性会受到什么影响？这些问题表明，平台依赖性可以有多种形式。

最后，我们需要提问，不同地理区域的平台和文化生产者之间的关系是如何形成的。在研究者所考察的地区中，平台在更宏观的社会文化、政治和法律视角中是如何被勾勒的？平台对文化内容和劳动承担的责任因此受到了怎样的影响？在特定的政治和法律制度下，文化工作者能得到什么样的保护和支持？一个媒体体制中的政治和文化分歧是如何反映在平台文化生产中的？最后，按照国家和媒体体制如何构造平台和文化生产者之间的关系，我们是否可以对不同国家进行类型化研究？

总而言之，我们希望我们的方法和概念工具能够对全球热衷于探索平台和文化生产者之间不断变化的关系的研究者有所裨益。为了进一步了解这些关系以及它们之间的差异，我们呼吁，不仅要对具体的平台子公司和实例进行更深入的研究，还要对依赖平台的文化生产者进行研究。尽管这种研究不一定需要是明确的比较性研究，但我们尤其需要对每个案例的特殊性（particularity）保持关注。正如我们所看到的，任何案例研究都不能代表整个文化产业，甚至不能代表某个特定的行业领域。我们的概念框架和初步探索应该能够促使学者们反思自身案例研究的具体性。总体而言，该框架应该推动不同学科、研究领域和地理区域的研究者之间进行积极的对话。平台和文化生产者是如何纠缠在一起的？对文化产业的权力分配、文化生产的可持续性以及整体上对文化的多样性和活力有什么影响？对于以上问题，这样的对话将生成新的理解。

参考文献
扫码阅读